0,-

Hajo Bücken · Ines Radionow

Kinder feiern Feste

Hajo Bücken · Ines Radionow

Kinder feiern Feste

Illustrationen von Cornelia Funke
Fotos von Peter Weber

Ravensburger Buchverlag

3 2 97 96

Layout: Rolf Frahm
Umschlagfoto: Peter Weber
Redaktion: Elke Dannecker
Printed in Italy
ISBN 3-473-41091-8

Inhalt

Wenn Kinder feste feiern...

Schon immer wurden Feste gefeiert, doch gibt es zwischen den früheren und heutigen Festen ein paar wesentliche Unterschiede, über die es sich kurz nachzudenken lohnt. Im vorigen Jahrhundert und in den ersten dreißig Jahren dieses Jahrhunderts waren die Familien noch anders strukturiert. Großeltern, Eltern und Kinder lebten meist unter einem Dach. Bei den Festen, die damals hauptsächlich an kirchlichen Feiertagen und nur manchmal an Geburtstagen gefeiert wurden, waren die Kinder wie selbstverständlich dabei. „Eigene" Feste für Kinder gab es nur sehr selten.
Heute werden für die Kinder mehr Feiern ausgerichtet, doch muß es dabei nicht immer sehr aufwendig zugehen. Für die Kinder ist es viel wichtiger, daß wir uns um sie kümmern, was in unserer Zeit nicht selbstverständlich ist. Unsere Nähe ist für unsere Kinder das schönste Geschenk. Wenn Sie sich also die Mühe machen, ein Fest für Ihr Kind auszurichten, können Sie nichts Besseres tun.

Zu Alter und Anzahl der Kinder

Die Vorschläge für die Feste sind nach Altersgruppen geordnet. Diese Altersangaben sind jedoch nicht verbindlich, denn nicht alle Kinder sind immer auf dem gleichen Entwicklungsstand. Wählen Sie also mit Ihrem Kind zusammen aus, welches Fest gefeiert werden soll.
Feste für Kinder unter drei Jahren sind allerdings nicht sinnvoll. Die Entwicklungspsychologie lehrt uns, daß Kindern unter drei Jahren keine Regelspiele angeboten werden sollten.
Außerdem gibt es eine Faustregel, die besagt, daß die Anzahl der Gäste die der Jahre sein soll. Ein vierjähriges Kind hat also mit vier Gästen genug zu tun.

Einladungen

Zu jedem Fest gibt es eine spezielle Einladung. Ein Vorschlag dazu findet sich zu Beginn eines jeden Kapitels. Es gibt natürlich die unterschiedlichsten Möglichkeiten, eine Einladung zu gestalten. Sie brauchen sich also nicht an die Vorschläge zu halten; bei dem einen oder anderen Fest haben Sie oder Ihr Kind vielleicht eine bessere Idee.

Drinnen und draußen

Die meisten der hier vorgestellten Feste können drinnen wie draußen gefeiert werden. Unter freiem Himmel stellt sich meistens eine spielerische Atmosphäre von selbst ein. Spiele mit und im Wasser machen fast allen Kindern Spaß. Der Besuch im Schwimmbad ist deshalb eine tolle Alternative für alle, die keinen

Garten für Wasserspiele zur Verfügung haben.
Wollen Sie für das Reiterfest nicht die Dienste eines Reiterhofes in Anspruch nehmen, dann reicht ein Grillplatz mit Wiese.

Zur Spielleitung

Eine alte Weisheit: Ein Spiel gelingt so gut, wie man selbst „drauf ist". Vergessen Sie also einmal die Alltagssorgen, und feiern Sie quietschvergnügt mit quietschvergnügten Kindern. Dann kann es nur ein wunderschönes Fest werden.

Sie sollten alle Spiele kennen, die Sie den Kindern vorschlagen. Natürlich ist ein „Spickzettel" erlaubt; aber wenn Sie zur Spielerklärung das Buch in die Hand nehmen müssen, ist dies für die Atmosphäre nicht sehr förderlich. Und vermitteln Sie selbst Spaß an dem kommenden Spiel, denn wie sollte sonst bei den Kindern der Funke überspringen!

Ziehen Sie sich bunt an; je witziger Sie aussehen, desto mehr wird auf Sie geachtet. Das muß nämlich ein Spielleiter auch bei den Festen mit den Kleinsten ausstrahlen: Autorität. Sie bestimmen die Spielregeln, und Sie müssen sie durchsetzen. Was aber nicht bedeutet, daß Sie sich autoritär verhalten.

Mal fünfe gerade sein lassen

Wenn ein Kind einmal überhaupt nicht so will wie Sie, dann lassen Sie es ruhig aus einer Regel ausbrechen. Davon geht die Welt nicht unter. Und wenn die anderen Kinder jauchzend in ihr Spiel vertieft sind, dann wird dieses eine nicht lange beiseite stehen wollen. Ein paar ermunternde, anerkennende und verständnisvolle Worte wirken oft Wunder. Geht das Kind jedoch auch darauf nicht ein, widmen Sie sich den anderen kleinen Gästen. Es kann sich eine Zeitlang auch mit Spielzeug beschäftigen...

Zur Gruppenbildung

Für manche Spiele werden die Kinder in Gruppen eingeteilt. Verwenden Sie Puzzles oder in Teile geschnittene Bilder, die Sie verteilen und die von den Kindern zusammengesetzt werden. Diejenigen, die gemeinsam ein fertiges Bild vorweisen können, gehören dann auch in eine Gruppe.

Nicht überfordern!

Überfordern Sie die Kinder nicht. Wenn Sie Ermüdungserscheinungen feststellen, können Sie ruhig einige Spiele wegfallen lassen. Bei den Kleineren können Spiele, die ihnen sichtlich viel Spaß gemacht haben, am Ende auch noch mal gespielt werden.

Frösche, Feen, Federbausch

Für kleine Kinder gibt es nichts Schöneres, als sich von der bunten Welt der Märchen verzaubern zu lassen. Einmal Prinzessin sein, als Sterntaler Gutes tun oder als Rotkäppchen durch den Wald spazieren... Dafür brauchen die Kinder nichts mitzubringen und sich nicht zu verkleiden, alles geschieht innerhalb des Festes.

Einladung

Frosch im Brunnen

- Karten
- Tonpapier
- Klebstoff
- Schere
- Faden
- Bleistift

Auf das Tonpapier wird ein Frosch gezeichnet und ausgeschnitten. Dazu kann die Abbildung abgepaust und als Schablone verwendet werden.
Auf die Karte wird der Brunnen aufgezeichnet. Dieser muß so groß sein, daß der Ball des Frosches hineinpaßt. Oben an der Karte werden zwei Einschnitte gemacht, und der Brunnenrand bekommt ebenfalls einen Einschnitt (rote Linien in der Zeichnung).
Die Ketten-Lasche auf festen Karton pausen, ausschneiden und durch die Einschnitte führen. Der Frosch wird so auf die Kette geklebt, daß der Kopf über den Brunnenrand lugt, aber noch weiter herausgezogen werden kann. Dann wird der Ball sichtbar, auf dem der Einladungstext steht. Auf die Rückseite wird eine gleich große Karte geklebt, auf der dann zum Beispiel Beginn und Ende des Festes stehen kann. Darauf achten, daß der Klebstoff nur an den Rändern aufgetragen wird.

Dekoration

Glitzernde Märchenwelt
- Kissen/Decken
- großer Pappkarton/Kiste
- Tücher/Umhänge
- Papiersterne/Weihnachtsschmuck
- Glimmer
- Schnüre
- farbiges Kreppapier

Der Raum ist mit ein paar Kissen und Decken ausgestattet, so daß die Kinder es sich bequem machen können. In der Ecke steht eine Märchenkiste (außen auf die Kiste Märchenmotive kleben), gefüllt mit Tüchern, Papiersternen zum Umhängen (Weihnachtsschmuck) und Glimmer zum Auftragen auf die Haut. Die Kinder dürfen sich, bevor es mit den Spielen losgeht, nach Herzenslust verkleiden.
Es werden Schnüre kreuz und quer durchs Zimmer gespannt und an Türangeln und Fensterriegeln befestigt. Farbiges Kreppapier wird in 4–5 cm breite Streifen geschnitten und über die Schnüre gehängt.

Essen und Trinken

Brunnenkuchen
- tiefgefrorene Bisquitrolle
- Sahne
- Schokoraspeln
- Weingummifrosch
- Zuckerkrönchen

Der Kuchen hat die Form eines Brunnens, auf dessen Rand der Froschkönig (Weingummifrosch) sitzt. Am besten nimmt man dazu halbierte Stücke von einer Bisquitrolle, schneidet den unteren Rand ab und setzt die Hälften so zusammen, daß eine zylinderförmige Figur entsteht. Der so entstandene „Brunnen" wird von allen Seiten mit geschlagener Sahne bestrichen und der äußere Rand mit Schokoraspeln bestreut. Wer möchte, kann in die Außenseite mit einem Messer ein Ziegelsteinmuster ritzen. Der obere Brunnenrand wird ebenfalls mit Schokoraspeln bestreut. Dann wird ein mit einem Zuckerkrönchen versehener Weingummifrosch auf den Rand gesetzt.

Speisekarte

Trollenbrei

- Milchreis mit Zimt und Zucker oder Obst

Zwergenketten

- Trockenobst (auf Fäden aufgezogen)

Zauberstäbe

- Erdbeeren
- Weintrauben
- Bananen (in Stücke geschnitten)
- Schokolade

Die Erdbeeren, Weintrauben und Bananenstücke abwechselnd auf einen Holzspieß stecken und in geschmolzene Schokolade tauchen.

Wackelpudding mit Feentunke

- grüner Wackelpudding
- Vanillesoße

Waldmausschmaus

- verschiedene Nußsorten

Auf einen Teller kommen die verschiedensten Nußsorten.

Riesenkrafttrunk

- Milchmixgetränke aller Art

Hexenwasser

- bunte Obstsäfte, die mit Mineralwasser verdünnt werden

Spiele, Spiele, Spiele

Waldgeistertanz

Abends, wenn die Sonne untergegangen ist und die Kinder schon tief schlafen, beginnt der Wald zu leben. Hier und dort rascheln Blätter, funkelnde Augen blitzen um die Ecke, Äste knacken. Die Waldgeister sind erwacht. Sie recken und strecken sich und machen sich bereit zu ihrem Tanz auf der Mondscheinlichtung.

Alle Kinder stehen im Kreis. Ein Erwachsener oder ein Kind singt das Lied und macht die Bewegungen zu den einzelnen Strophen vor, alle machen sie nach. Bei „Alles dreht sich herum“ singen alle mit und drehen sich einmal um sich selber und klatschen in die Hände. Bei der letzten Strophe fassen sich alle an und tanzen im Kreis.

(Nach der Melodie von „Wie sie’s machen“)

Wollt ihr wissen, wollt ihr wissen, was die . . .

1. kleinen Feen machen:
   Flügel schwingen, Flügel schwingen.
   Alles dreht sich herum.

2. frechen Trolle machen:
   tüchtig hüpfen, tüchtig hüpfen.
   Alles dreht sich herum.

3. guten Hexen machen:
   lustig zaubern, lustig zaubern.
   Alles dreht sich herum.

4. großen Riesen machen:
   tüchtig stampfen, tüchtig stampfen.
   Alles dreht sich herum.

5. flinken Zwerge machen:
   Mütze schwenken, Mütze schwenken.
   Alles dreht sich herum.

6. Waldgeister machen:
   fröhlich tanzen, fröhlich tanzen.
   Alles dreht sich herum.

Die Sterne fallen vom Himmel

- Ballonhimmel

Es war einmal ein armes Mädchen, das hatte keine Eltern mehr, und weil es so allein war, beschloß es, in die Welt hinauszuziehen. Unterwegs begegneten ihm Menschen, die Hunger hatten und froren. Und weil es ein gutes Herz hatte, gab es sein letztes Brot und Hemd und alles, was es hatte. Für diesen Edelmut wurde es am Ende reich belohnt.
Ein Kind ist der Sterntaler. Die Kinder gehen im Raum herum und immer, wenn sie Sterntaler treffen, bitten sie ihn um etwas, zum Beispiel um ein Paar Schuhe, weil die eigenen schon so kaputt sind. Hat Sterntaler dreimal etwas gegeben und damit seinen Edelmut bewiesen, darf er sich unter den Ballonhimmel stellen. Ein Ballon wird angestochen, und Sterntalers Belohnung fällt vom Himmel. Jetzt darf ein anderes Kind den Sterntaler spielen.

Basteln: Der Ballonhimmel

- *große Luftballons (für jedes Kind einen)*
- *Konfetti*
- *kleines Geschenk je Ballon*
- *ganz viel Puste oder eine Ballonpumpe*
- *Bindfaden*

Den Ballonhimmel möglichst schon am Vortag anfertigen. Er ist auch eine tolle Raumdekoration. Zu zweit lassen sich die Luftballons einfacher füllen. Mit zwei Fingern die Ballonöffnung auseinanderziehen, der Helfer stopft das Konfetti und das kleine Geschenk hinein. Dann wird der Luftballon aufgeblasen und gut verknotet. Sind alle Luftballons gefüllt und aufgeblasen, werden sie mit Bindfäden zusammengebunden und so in den Raum gehängt, daß die Kinder darunter stehen können.

Rotkäppchens Korb

- Korb
- Flasche mit Saft
- Messer
- kleiner Kastenkuchen
- ein heller Hut und eine dunkle Mütze
- Schürze
- Handschuhe
- Würfel

Rotkäppchens Großmutter ist krank. Um sie zu stärken, soll Rotkäppchen ihr einen Korb mit Kuchen und Wein bringen. Doch auf dem Weg zur Großmutter trifft sie im Wald den listigen Wolf. Der möchte natürlich auch gerne die Leckereien aus dem Korb essen und eigentlich noch viel mehr.
Wer bekommt Kuchen und Wein, die Großmutter oder der Wolf?

Die Kinder sitzen im Kreis. In der Mitte steht der Korb. Auf der einen Seite liegen die Schürze der Großmutter und der helle Hut, auf der anderen Seite die Handschuhe und die dunkle Mütze für den Wolf. Es wird in der Runde gewürfelt. Wer eine Eins würfelt, darf für die Großmutter essen, muß jedoch vorher schnell die Schürze umbinden und den Hut aufsetzen. Wer eine Sechs würfelt, darf für den Wolf essen, muß aber vorher die Handschuhe anziehen und die dunkle Mütze aufsetzen. Gewechselt wird, wenn ein anderer Spieler eine Eins oder Sechs würfelt.

Der Ball der Prinzessin

- Musik
- kleiner weicher Spielball

Der Lieblingsball der Prinzessin Rosenschön ist von der Hexe Klapunter mit einem bösen Fluch belegt worden. Wer ihn in den Händen hält, fällt sofort in einen tiefen Schlaf. Der Fluch ist jedoch unwirksam, wenn fröhliche Musik im Raum erklingt. Gegen Fröhlichkeit ist Klapunter mit ihrer Zauberkunst machtlos. Die Kinder stehen im Kreis und werfen sich den Ball der Prinzessin gegenseitig zu, dazu spielt Musik. Das Kind, das den Ball in der Hand hält, wenn die Musik stoppt, muß sich hinlegen und schlafen. Das Spiel ist zu Ende, wenn alle Kinder bis auf eines liegen.
Das übrig gebliebene Kind darf beginnen, seine Mitspieler zu erlösen.
Ein wirksamer Gegenzauber ist folgender Spruch:

A, B, C, D, E
hier ist der Ball der Fee.
Eins, zwei, drei, vier, fünf und sechse
Schluß mit dem Fluch der bösen Hexe.
Dieser Ball wird euch erlösen
von dem ewigen Dösen.

Auf jedes Kind wird der Ball zugeworfen, und sobald der Ball das Kind berührt, ist es erlöst.
Eine einfachere Variante ist, jedes Kind mit einem Kuß zu erlösen.

Was steckt in der Schatztruhe?

- Karton mit Deckel, der mit Goldfolie beklebt ist
- 10 Figuren oder Gegenstände, die etwas mit Märchen zu tun haben

Schaut man sich im Kinderzimmer oder in der Wohnung um, so entdeckt man bestimmt ohne Schwierigkeiten Gegenstände, die sich einem Märchen zuordnen lassen.
Zum Beispiel:
Spielzeugfrosch = Froschkönig
Spiegel oder Kamm = Schneewittchen
Münzen = Sterntaler
Rose = Dornröschen
Kissen = Frau Holle
Die Kinder sitzen im Kreis. Die Gegenstände und die Schatztruhe stehen in der Mitte. Ein Kind verläßt den Raum. Ein Gegenstand wird in der Schatztruhe versteckt. Das Kind wird hereingerufen und muß raten, welcher Gegenstand fehlt. Vielleicht weiß es ja auch den Namen des dazugehörigen Märchens.

Märchenquiz

- viele kleine Salzbrezeln aus der Zwergenbackstube

Alle Kinder sitzen in einer Runde und der Spielleiter liest die Fragen vor; wer zuerst antwortet, bekommt eine Brezel. Diese großzügig verteilen, damit jedes Kind einmal eine Brezel erhält.

Wer sind die Bremer Stadtmusikanten?
(Esel, Hund, Katze, Hahn)

Wie heißt das Zauberwort aus Kalif Storch?
(Mutabor)

In welchem Märchen verwandelt sich eine Ente in einen schönen Schwan?
(Das häßliche Entlein)

Aus welchem Märchen ist:
„Spieglein, Spieglein, an der Wand,
wer ist die Schönste im ganzen Land?"
(Schneewittchen)

Welches Mädchen soll einen alten Maulwurf heiraten?
(Däumelinchen)

Wer sagt: „Ei Großmutter, was hast du für große Ohren!"
(Rotkäppchen)

Was läßt Rapunzel vom Turmfenster herunterhängen?
(Ihren langen Zopf)

In welchem Märchen schlafen alle hundert Jahre lang?
(Dornröschen)

Was wollte sich Rumpelstilzchen von der Königin holen?
(Ihr Kind)

In welchem Märchen ruft der Hahn:
„Kikeriki, unsere goldene Jungfrau ist wieder hie!"
(Frau Holle)

Froschquaken und Feenschweben

- Feenkränze entsprechend der Teilnehmerzahl
- Musik

Ein bißchen Unsinn muß sein. Deshalb startet jetzt das große Froschquaken und Feenschweben. Jede/r der kleinen Frösche quakt, so laut es geht. Wenn die anderen sich die Ohren zuhalten müssen, dann ist es gerade richtig. Zuerst quakt jeder Frosch allein. Haben alle ausgequakt, geht es im Chor, völlig durcheinander und herrlich laut.

Jedes Kind erhält einen Feenkranz und setzt ihn wie einen Hut auf den Kopf. Zu den Klängen der Musik dürfen die Feen alle mit ausgestreckten Armen durch den Raum schweben. Kurz vor dem allgemeinen Abheben stoppt dann plötzlich die Musik, und jede Fee muß stocksteif stehenbleiben, bis die Musik wieder einsetzt. Wer den Feenkranz verliert, scheidet aus.

Basteln: Feenkränze

- *farbiger Fotokarton*
- *buntes Kreppapier für die Blumen*
- *Schere*
- *Klammerapparat*
- *Musterklammern*

Aus dem Fotokarton 5 x 40 cm lange Streifen schneiden, für jedes Kind einen. Die Enden zusammenklammern. Aus dem Kreppapier verschieden große Kreise schneiden. Für die Blumen drei Kreise der Größe nach übereinanderlegen, den größten nach unten. Mit der Schere in der Mitte der Kreise und durch den Fotokarton ein Loch bohren. Mit der Musterklammer die Papierblume am Reif befestigen. So viele Blumen anbringen, daß ein Blumenkranz entsteht.

Der Zauberer

- selbstgebastelter Zauberstab
- Hut

Alle Kinder gehen ruhig im Raum herum. Ein Kind ist der Zauberer mit Zauberstab und Hut. Der Zauberer spricht folgenden Vers (mit Unterstützung eines Erwachsenen):

Der Zauberer, der schleicht herum,
sieht sich nach den Kindern um,
hebt dann seinen Zauberstab,
weil er dich als „Gans" gern mag.

Bei der letzten Zeile laufen die Kinder davon und verstecken sich so gut es geht. Der Zauberer versucht, ein Kind mit dem Zauberstab zu berühren, und verwandelt es damit in das Tier seiner Wahl (z. B. in eine Gans). Dann spricht der Zauberer:

Willst du davon erlöst sein,
mußt du machen wie das Gänselein.

Macht das Kind die Tierstimme nach, ist es erlöst und wird selber zum Zauberer.

Basteln: Zauberstab

- *leere Papprolle (z. B. von einer Haushaltsrolle)*
- *Farbe (Plaka)*
- *buntes Papier*
- *Schere*
- *Klebstoff*

Die Rolle anmalen und nach dem Trocknen mit bunten Sternen aus Papier bekleben.

Verabschiedung

Jedes Kind erhält zum Abschied ein Überraschungsbonbon.

<u>*Basteln: Überraschungsbonbons*</u>

- *Toilettenpapierrollen*
- *buntes Kreppapier*
- *Geschenkband*
- *Klebstoff*
- *Schere*
- *Füllung*

Die Toilettenpapierrollen werden mit kleinen Überraschungen gefüllt, zum Beispiel Sticker, Buntstifte, Haargummis, kleine Figuren . . .
Aus dem Kreppapier etwa 20 x 20 cm große Stücke schneiden, die Rollen damit einwickeln und an den Enden festkleben. Die Seiten werden mit Geschenkband geschlossen.

Hochzeit auf der Burg

Endlich wird die langersehnte Hochzeit der schönen Eleonore mit Graf von Löwenburg gefeiert. Natürlich werden viele Hochzeitsgäste geladen. Kinder sind von Burgen fasziniert, und eine gespielte „Hochzeit auf der Burg“ bietet eine Vielfalt von Beschäftigungs- und Spielmöglichkeiten. Ein Festmahl wird aufgetischt, es wird getanzt und gespielt.

Einladung

<u>Hochzeitseinladung</u>

- graues oder braunes Tonpapier
- Schaschlikstäbe
- Holzperlen
- Band oder Spitze
- Klebstoff
- Schere

Aus grauem oder braunem Tonpapier werden Stücke geschnitten, die etwas größer als Postkarten sind. Wird das Papier an den Rändern etwas angekokelt, sieht es „echt“ alt aus. Auf die Vorderseite wird in großen geschwungenen Buchstaben die Einladung zur Hochzeit auf der Burg mit Ortsangabe, Datum und Zeitpunkt geschrieben. Außerdem darf, wer möchte, in Hochzeitskleidung oder auch im Rittergewand erscheinen. Oben und unten legt man jeweils ein Schaschlikstäbchen auf das Papier, knickt es am Rand um und klebt es fest. Damit es hält, kann man die Ränder noch zusammenheften. Auf die vier Enden der Stäbchen wird jeweils eine Holzperle gesteckt. Das „Dokument“ aufrollen und mit einem Band oder einem Stück Spitze zusammenbinden.

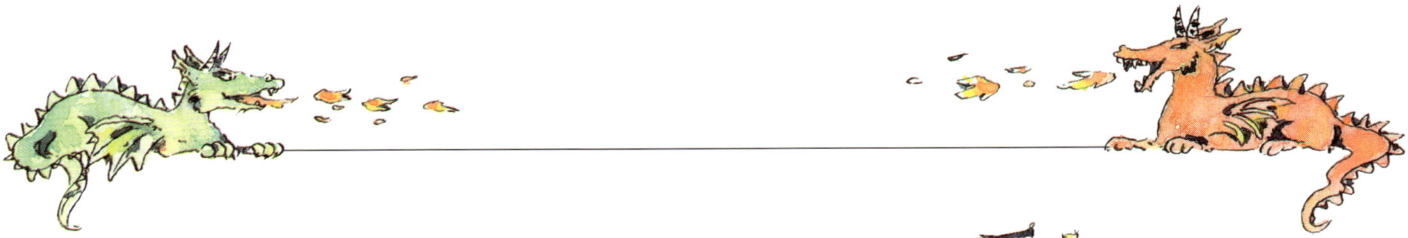

Dekoration

Der Raum wird mit Fahnen und Girlanden geschmückt. Verschiedene Stoffbahnen, die an die Wände gespannt werden oder von der Decke hängen, bringen die richtige Atmosphäre. Wer möchte, kann Wappen und Standarten anfertigen. Dazu die Wappen aus Pappe ausschneiden und anmalen. Ansonsten sollte der Raum möglichst leer sein. Auf dem Boden liegen Teppiche und Kissen. Für das Festmahl wird am besten im Nebenraum ein Tisch mit einem weißen oder roten Tuch (Laken) festlich gedeckt.

Essen und Trinken

<u>Hochzeitsmenü</u>

- kalter Rollbraten
- gegrillte Hühnerkeulen
- verschiedene Gemüsesorten
- Käse
- Spieße
- kleine Papierwappen

Der Rollbraten und die Hühnerkeulen werden mit der leckeren Burggartensoße oder der feurigen Drachenblutsoße serviert.
Allerlei Gemüsesorten in Scheiben oder Streifen schneiden und auf einem Teller anrichten.
Zu den Mahlzeiten wurde bei den Rittern gerne Käse gegessen. Dazu den Käse in Würfel schneiden und auf Spieße stecken, die mit kleinen Wappen dekoriert sind.

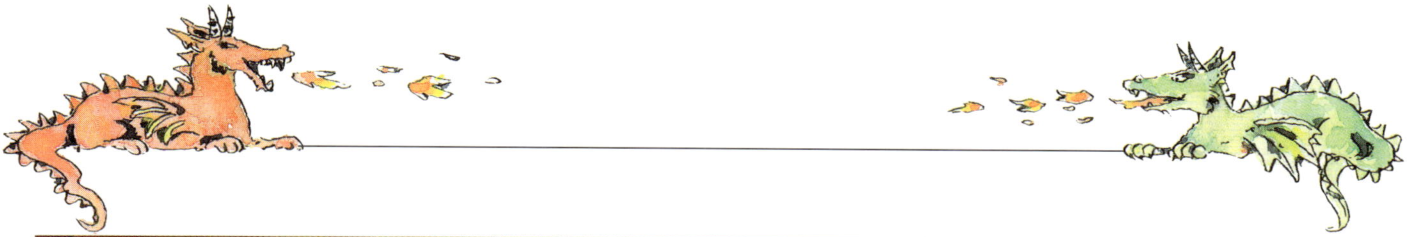

Burggartensoße
- 1 Glas Apfelkompott
- 1 Eßlöffel Meerrettich

Das Apfelkompott mit dem Meerrettich gut vermischen.

Drachenblut
- 1 große Dose Tomatenmark
- 1/4 Liter Sahne
- Salz, Pfeffer, Paprika

Das Tomatenmark mit der Sahne verrühren und mit Salz, Pfeffer und Paprika abschmecken.

Burggrabenkarpfen
- 1 Paket Backmischung Zitronenkuchen
- Zuckerguß
- bunte Leckereien zum Verzieren

Den Teig auf ein Backblech, das mit Backpapier ausgelegt ist, streichen. 25–30 Minuten backen. Auf ein Kuchengitter stürzen, Backpapier sofort abziehen, erkalten lassen. Aus Pappe die Schablone eines Fisches in der Größe der Teigplatte zuschneiden. Auf die Teigplatte legen und Konturen ausschneiden. Den Karpfen mit Zuckerguß bestreichen und verzieren.

Brunnenwasser
- Apfelsaft

Schwarz„bier"
- Malzbier

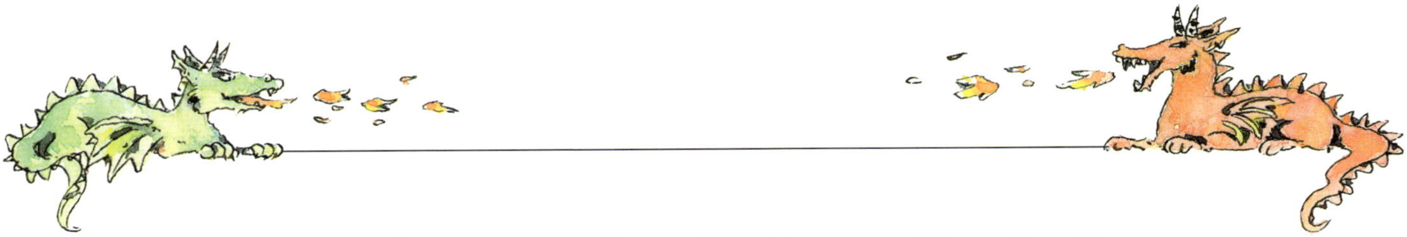

Spiele, Spiele, Spiele

Die Boten des Burgherrn

- 6 DIN-A4-Blätter
- 2 versiegelte Briefe
- Wäscheleine

Der Burgherr diktiert seinem Schreiber zwei Briefe, in denen er zur Hochzeit einlädt. Danach „versiegelt" er die Schriftstücke und übergibt sie seinen Boten, die sie auf dem schnellsten Weg überbringen sollen. Das erfordert nicht nur flinke Beine, sondern auch Geschick.
Es werden zwei Mannschaften gebildet, die sich in einer Reihe aufstellen. Mit der Wäscheleine wird das Ende einer Wegstrecke markiert. Die ersten Läufer erhalten die Briefe, die sie so verstauen müssen, daß sie beide Hände frei haben (also zum Beispiel im Socken oder Gürtel) und je drei DIN-A4-Blätter. Jetzt geht es los. Bei dem Wettlauf dürfen die Füße den Boden nicht direkt berühren. Auf zwei Papierblättern balancierend, legen die Läufer das dritte Blatt immer wieder vor sich auf den Boden. Auf diese Weise gehen die Boten bis zur Linie und wieder zurück zum Start. Hier übergeben sie den Brief dem nächsten Boten, der sofort startet.
Welche Mannschaft ist am schnellsten?

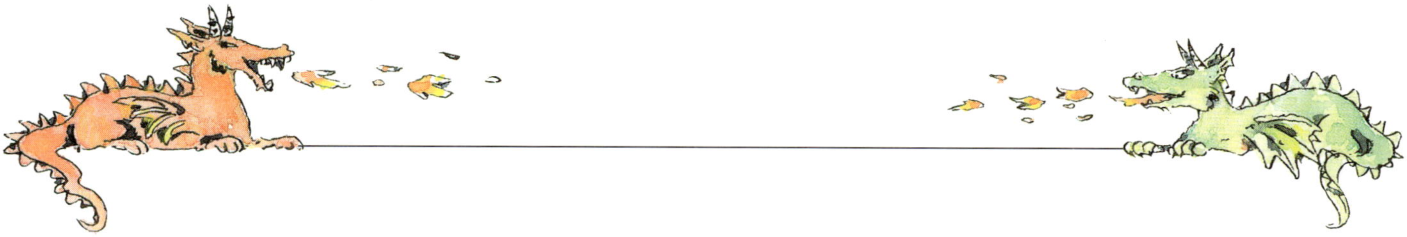

Der Hochzeitszug

- Kiste mit Gegenständen, die sich zum Lärmen eignen (z. B. Töpfe, Pfannen, Deckel, Kochlöffel)
- Kassettenrekorder und Kassetten

Bei Burghochzeiten geht es fröhlich und laut zu. Wenn alle Gäste eingetroffen sind, wird ein Hochzeitszug veranstaltet. Jeder Gast sucht sich dafür einen Gegenstand aus der Kiste. Laut lärmend zieht die Gesellschaft durch die Räume. Danach kehrt sie in den Festsaal zurück. Nun stellen sich alle im Kreis auf. Das Fest wird mit einem Tanz eröffnet. Dazu erklingt ein Menuett. Die Tänzer folgen dem Vortänzer (zuerst ein Erwachsener, später darf jeder einmal Vortänzer sein) in seinen Bewegungen. Die Kinder schreiten durch den Raum und verneigen sich auf höfische Art. Aber auch der „Hofknicks“ kann geübt werden.

Brautentführung

Zwei Kinder spielen die Braut und einen Freund, der sie entführt. Die Kinder verstecken sich gemeinsam, und die anderen müssen sie suchen.

Brautring

- Ring

Die Kinder stellen sich in einem Kreis auf, eines von ihnen – die Braut – kommt in die Mitte. Hinter dem Rücken der Kinder wird ein Ring weitergegeben. Dabei rufen sie: „Da ist die Braut, und wo ist ihr Ring?“ Die Braut versucht herauszufinden, wo der Ring steckt. Hat sie ihn gefunden, wechseln die Rollen.

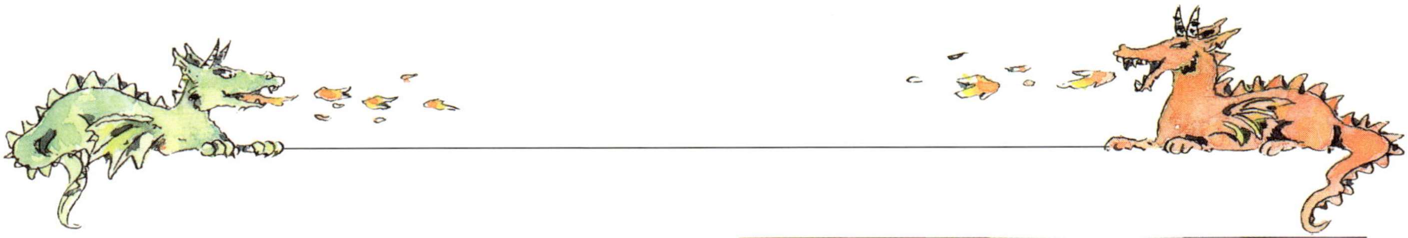

Die Hüte der Burgdamen

- 10 Hüte, selbstgebastelte Spitzhüte oder einfacher: beklebte Joghurtbecher
- 10 Goldstücke (Schokoladengeld)
- Würfel

Bei Würfelspielen wurde auf den Burgen oft um Geld gespielt oder, wenn jemand keines hatte, um Kleidungsstücke.
Die Gäste sitzen im Kreis auf der Erde. In der Mitte stehen die Hüte der Burgdamen. Unter jedem Hut liegt ein Goldstück. Es wird reihum gewürfelt. Bei einer Drei oder Sechs darf der Spieler einen Hut hochheben. Befindet sich darunter ein Goldstück, darf er es an sich nehmen. Der Hut bleibt aber stehen. Nun gilt es, genau aufzupassen, um sich zu merken, unter welchem Hut noch ein Goldstück liegt. Hebt ein Spieler einen Hut hoch, unter dem sich nichts mehr befindet, muß er ein Kleidungsstück als Pfand geben.
Zum Auslösen der Pfänder müssen kleine Aufgaben erfüllt werden.
Zum Beispiel:
- ein Lied singen
- auf einem Fuß hüpfend das Zimmer durchqueren
- eine Geschichte erzählen
- eine Burgdame oder einen Ritter küssen

Basteln: Spitzhüte
- *Tonpapier*
- *Klebstoff*
- *Klebeband*
- *Tüll*

Aus farbigem Tonpapier eine Spitztüte formen und zusammenkleben. Eventuell den Rand innen mit einem Klebeband verstärken. Rechts und links je ein Loch bohren und ein Tüllband durchziehen und verknoten. Mit dem Tüll den Hut verzieren.

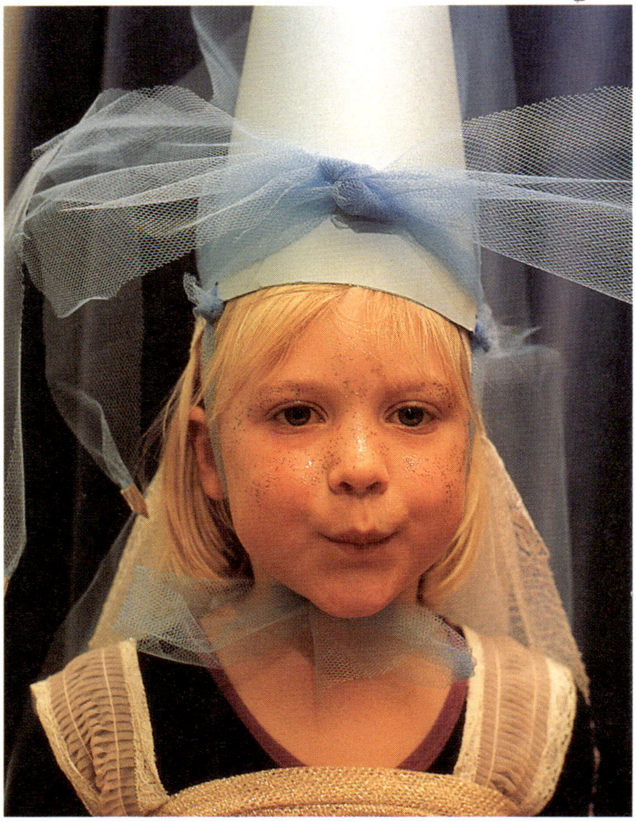

Tafelfreuden

- Teller mit kaltem Milchreis
- Löffel
- Augenbinde
- Schürze
- Spielkarten, 1 Bube und 1 Dame

Bevor die Gabel bekannt wurde, aß man auch auf der Ritterburg mit den Fingern oder mit einem Löffel und spießte das Fleisch mit der Messerspitze auf. Damit sich die Damen des Hofes nicht beschmutzen, werden sie deshalb von ihren Tischnachbarn gefüttert.
Ein Spielerpaar sitzt sich gegenüber. Jeder zieht eine Spielkarte. Damit wird entschieden, wer Burgdame und wer Ritter ist. Dem Ritter werden die Augen verbunden, die Burgdame bekommt eine Schürze um. Ein Teller mit Milchreis wird zwischen die beiden gestellt. Nun muß der Ritter seine Dame mit dem Löffel füttern, aber bitte ohne sie zu bekleckern.

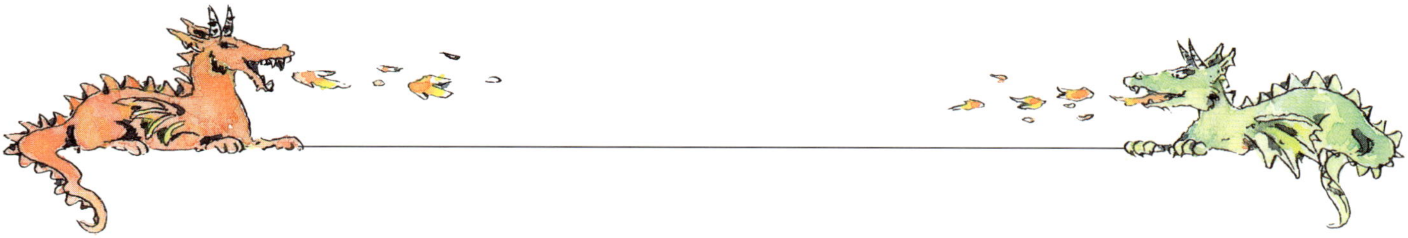

Scheiben werfen

- 10 beklebte oder bemalte Bierdeckel
- 4 Eimer
- Stück Schnur

Mit der Schnur wird die Abwurfstelle markiert. Je nach Alter der Kinder werden die Eimer im 3-Meter-Abstand plaziert. Nun versuchen die Burgdamen und Ritter der Reihe nach, die Bierdeckel in die Eimer zu werfen.

Verabschiedung

<u>Geschenke und Wegzehrung</u>

- kleine Bücher, Sticker, Tierfiguren usw.
- Fruchtschnitten

Je ein kleines Geschenk und eine Fruchtschnitte wurden schon vorher in Packpapier verpackt und mit Bindfaden zugebunden.
Das Fest ist zu Ende. Die Pferde werden gesattelt. Die Gastgeber verabschieden die Gäste und verteilen Päckchen mit einem kleinen Andenken und einer Wegzehrung für den langen und beschwerlichen Heimweg.

Der Schnellauf

- 2 Löffel
- 2 Tischtennisbälle
- Stück Schnur

Es werden zwei Mannschaften gebildet, die sich nebeneinander aufstellen. Die ersten beiden Spieler erhalten einen Löffel, den sie mit den Zähnen halten. Darauf wird der Tischtennisball gelegt, der beim Laufen nicht herunterfallen darf. Fällt der Ball herunter, muß der Spieler zum Start zurück. Mit der Schnur wird das Ziel markiert. Hat ein Spieler das Ziel passiert, saust er mit dem Löffel und dem Ball in der Hand zurück zu seiner Mannschaft und übergibt beides dem nächsten Spieler.

Das
Hexenfest

Bei diesem Fest dürfen kleine Hexen und Hexer unter Beweis stellen, daß sie für den großen Tanz auf dem Blocksberg bereit sind. Dazu gehören natürlich auch Flugunterricht sowie drei lustige Hexenprüfungen, bei denen Geschmack, Geruch und Gehör des Nachwuchses getestet werden. Dann aber wartet die große Ordensverleihung auf die Hexenkinder. Danach dürfen sie nach Lust und Laune auf ihren Besen reiten. Heia, Walpurgisnacht, das wird ein Fest!

Einladung

Die kleine Hexe

- Karten
- Tonpapier
- Stoffreste
- Butterbrotpapier
- Zwirn
- Nadel
- Schere
- Klebstoff
- Farbstifte

Eine kleine Hexe fliegt mit ihrem Besen über die Karte. Dazu wird etwa 1,5 cm vom linken unteren und rechten oberen Rand der Karte ein dünnes Loch gestochen. Durch die beiden Einstiche wird ein fester Zwirnsfaden gezogen und auf der Rückseite der Karte zusammengeknotet. Die kleine Hexe kann aus Tonpapier und Stoffschnipseln hergestellt werden. Man kann aber auch die Hexe auf dieser Seite auf Butterbrotpapier abpausen, auf weißes Tonpapier übertragen, anmalen und ausschneiden. Die kleine Hexe kann dann auf der Vorderseite der Karte und ziemlich in der Mitte an dem Zwirn befestigt werden. Der Einladungstext kommt auf die Rückseite der Karte, oder er wird unter der kleinen Hexe versteckt. Er ist erst sichtbar, wenn die Hexe fliegt.

Dekoration

Das kleine Hexenhaus

- Kiste mit Stofftieren
- Kiste mit Sachen zum Verkleiden
- Spiegel, Schminke
- Hexenmobiles (pro Mobile: 50 cm lange Stange, Bindfaden, Speckmäuse, Weingummitiere)

Für das Mobile werden die Bindfäden unterschiedlich lang zugeschnitten und in kleinen Abständen an der Stange befestigt. Am unteren Ende werden die Mäuse und Weingummitiere befestigt.
Überall im Raum befinden sich Gegenstände an Stellen, an die sie eigentlich nicht gehören. Die Zimmerpflanzen stehen zum Beispiel oben auf dem Schrank, und Bücher liegen auf der Fensterbank. Manche Gegenstände stehen auch auf dem Kopf, und Bilder hängen verkehrt herum an der Wand.
In einer Ecke steht eine Kiste mit Schürzen, Kopftüchern und Stoffresten zum Verkleiden. Hier dürfen sich die Kinder zu Beginn des Festes bedienen und sich mit Hilfe der Schminke in kleine Hexen und Hexer verwandeln. Jede Hexe sucht sich aus der Kiste mit Stofftieren ein Lieblingstier aus, das bei den Hexenprüfungen helfen soll.

Essen und Trinken

Der Hexenbesenkuchen

- Butterkekse
- 200 g Blockschokolade
- Kokosfett
- Keks-Mikado-Stäbchen

Für den dicken Besenstiel wird Schokolade mit etwas Kokosfett in einer Schüssel im Wasserbad zum Schmelzen gebracht. Vier Kekse werden aneinandergelegt und mit der Schokolade bestrichen. Dann kommt eine neue Schicht Kekse usw. – magische sieben Schichten hoch. Die obersten beiden Keksschichten werden am Rand etwas abgerundet, bevor die letzte Schicht Schokolade aufgetragen wird. Als Besenreisig werden Keks-Mikado-Stäbchen an einem Ende des Kuchens aufgeschichtet. Dazwischen wird auch hier – diesmal ziemlich dick – geschmolzene Schokolade gestrichen. Wenn die Schokolade schon fest ist, können einige Stäbchen auch etwas unordentlich in den Haufen hineingesteckt werden, dann sieht der Besenkuchen echter aus.
Man kann aber auch ein Stück festen Kuchen nehmen. Dieser wird dann mit Keks-Mikado-Stäbchen bespickt und mit flüssiger Schokolade übergossen.

Spinnennest
- großer Teller
- Lakritzschlangen
- Marzipanmasse
- Lebensmittelfarbe

Die Lakritzschlangen wie ein Spinnennetz auf den Teller legen. Aus der Marzipanmasse und mit Lebensmittelfarbe kleine Spinnenkörper formen. Diese werden dann auf und in das Spinnennetz gesetzt.

Blocksbergschneeflocken
- Mais
- Öl
- Puderzucker
- Topf mit Deckel
- Schüssel
- kleine Tüten zum Abfüllen

So viel Öl in einen Topf gießen, daß der Boden bedeckt ist. Eine Handvoll Maiskörner einstreuen. Den Topf unbedingt mit einem Deckel verschließen und das Ganze erhitzen. Nach etwa 5 Minuten platzen die Maiskörner und springen gegen den Deckel – sie sind fertig! Die „Schneeflocken" in eine Schüssel geben und mit Puderzucker bestreuen. Danach in kleine Tüten füllen.

Waldspeise
- Salzstangen (Äste und Zweige)
- Chips (Blätter)

Waldhexensaft
- Waldmeistersirup (1/4 Liter)
- Saft von 2 Zitronen
- 3 Flaschen Mineralwasser

Alle Zutaten gut vermischen und kalt servieren.

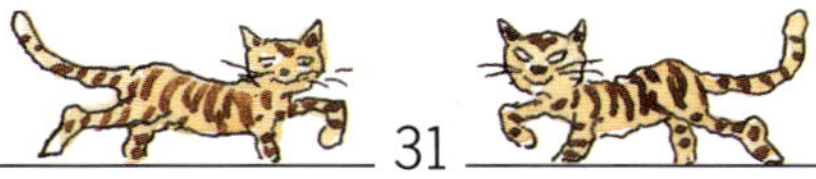

Moorhexenbowle

- kalter Pfefferminztee (1/2 Liter)
- Saft von 1 Zitrone
- 3 Eßlöffel Zucker
- 1 Flasche Mineralwasser
- 1 Flasche Apfelsaft
- geschälte und kleingeschnittene Apfelscheiben
- in dünne Scheiben geschnittene Bananen

Alle Zutaten in einem großen Topf mischen und kalt servieren.

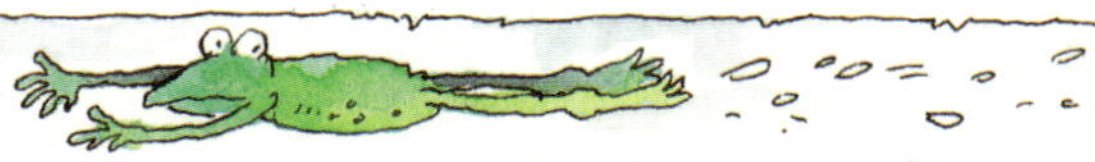

Eine Aufforderung zum gemeinsamen Schmaus kann durch folgendes, wahrscheinlich allen bekanntes Gedicht eingeleitet werden:

Morgens früh um sechs (volkstümlich)

1. Morgens früh um sechs
   kommt die kleine Hex'.

2. Morgens früh um sieben
   schabt sie gelbe Rüben.

3. Morgens früh um acht
   wird Kaffee gemacht.

4. Morgens früh um neun
   geht sie in die Scheun'.

5. Morgens früh um zehn
   holt sie Holz und Spän'.

6. Feuert an um elf,
   kocht dann bis um zwölf.

7. Fröschebein und Krebs und Fisch,
   hurtig, Kinder, kommt zu Tisch!

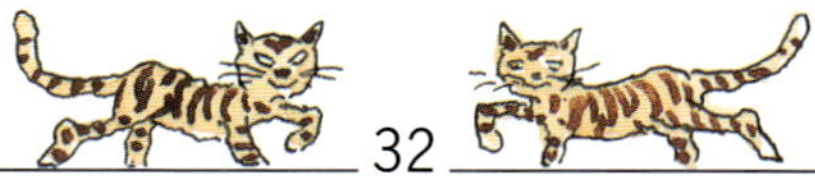

Spiele, Spiele, Spiele

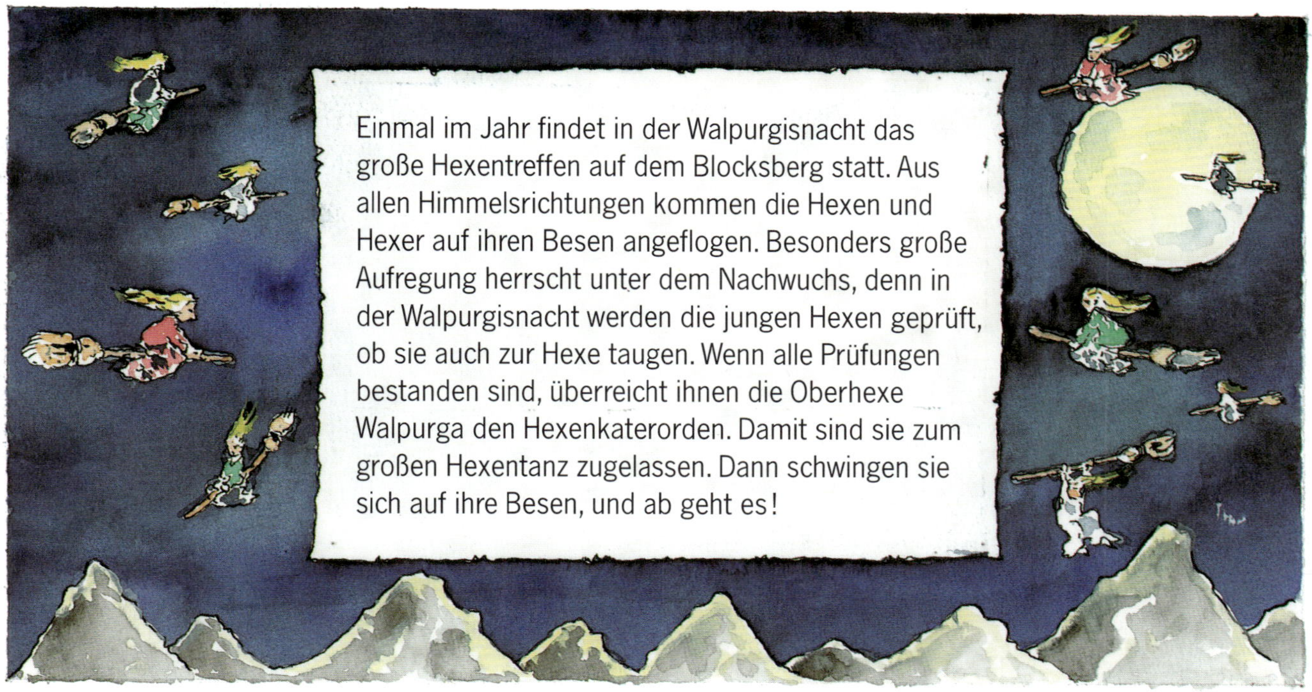

Einmal im Jahr findet in der Walpurgisnacht das große Hexentreffen auf dem Blocksberg statt. Aus allen Himmelsrichtungen kommen die Hexen und Hexer auf ihren Besen angeflogen. Besonders große Aufregung herrscht unter dem Nachwuchs, denn in der Walpurgisnacht werden die jungen Hexen geprüft, ob sie auch zur Hexe taugen. Wenn alle Prüfungen bestanden sind, überreicht ihnen die Oberhexe Walpurga den Hexenkaterorden. Damit sind sie zum großen Hexentanz zugelassen. Dann schwingen sie sich auf ihre Besen, und ab geht es!

Flugunterricht für junge Hexen

- Besenstiel

Auf einem Besen zu fliegen ist gar nicht so einfach. Die jungen Hexen müssen noch fleißig üben. Zwei Kinder halten einen stabilen Hexenbesen (dicker Besenstiel), und eine kleine Hexe setzt sich darauf. Während die beiden anderen durch den Raum gehen, versucht die kleine Hexe, die Balance zu halten. Wird sie die ersten Flugübungen wohl gut meistern, oder stürzt sie immer wieder ab?

Besenlooping

- Besenstiel

Zwei starke Hexen (Erwachsene) nehmen einen Hexenbesen und legen die Enden auf ihre Schultern. Eine kleine Hexe hängt sich vorsichtig an den Besen – mit dem Kopf nach unten, die Beine (Kniekehlen) fest um den Stab geklammert.

1. Hexenprüfung: Der Gaumentest

- großer Teller
- Kostproben: Stücke von verschiedenen Obstsorten, Käsewürfel, Zuckerwürfel, Senf, Ketchup …
- Augenbinde

Die Kostproben werden auf einem Teller plaziert. Die Hexen sitzen im Kreis um den Teller. Einer Hexe werden die Augen verbunden, und die Prüfung kann beginnen: Es werden drei Kostproben gereicht, die erraten werden müssen. So geht es reihum weiter.

2. Hexenprüfung: Der Nasentest

- Kiste mit Gegenständen
- Augenbinde

In einer Kiste befinden sich allerlei verhexte Gegenstände, zum Beispiel ein Apfel, der mit Knoblauch eingerieben ist; eine Papierblume, die nach Schuhcreme riecht; eine mit Essig gefüllte Parfümflasche; eine Apfelsaftflasche mit Pfefferminztee.
Den kleinen Hexen werden nacheinander die Augen verbunden, und jede muß einen Gegenstand aus der Kiste nehmen. Werden sie diese schwierige Prüfung wohl bestehen und erraten, um welchen Gegenstand oder Flascheninhalt es sich wirklich handelt?

3. Hexenprüfung: Der Ohrentest

- Tonband mit Tierstimmen und Alltagsgeräuschen, wie zum Beispiel Zähneputzen, Duschen, Türklingel . . .

Die Hexen und Hexer sitzen im Kreis, und vom Tonband werden die Geräusche abgespielt. Wer meint, das Geräusch erkannt zu haben, ruft es laut in die Runde.

Die Ordensverleihung

- Hexenkaterorden

Nun ist es soweit. Die Prüfungen sind bestanden, und Walpurga schreitet zur Ordensverleihung. Jede kleine Hexe und jeder kleine Hexer darf sich einen Hexennamen zulegen, der auf den Orden geschrieben wird.

<u>*Basteln: Der Hexenkaterorden*</u>

- *Holzklammern (entsprechend der Anzahl der Kinder)*
- *farbiges Tonpapier*
- *Klebstoff*
- *Filzstifte*
- *Butterbrotpapier zum Abpausen*
- *Schere*

Den Kater abpausen und auf das Tonpapier übertragen oder einfach kopieren. Anschließend ausschneiden und den Kater einzeichnen bzw. anmalen. Mit der Holzklammer an der Kleidung befestigen. Auf den Bauch des Hexenkaters kann dann später der Hexenname geschrieben werden.

Heia Walpurgisnacht!

- Besenstiele
- Zeitungen
- Schnur, Bänder
- Decke

Nach Bestehen all der schweren Hexenprüfungen wollen die kleinen Hexen jetzt endlich richtig feiern. Ihre Besenstiele werden zunächst in Reisigbesen verwandelt. Dazu werden alte Zeitungen eingerissen und mit einem Band fest um den Besenstiel gewickelt. Dabei ist sicherlich Hilfe vom Spielleiter nötig. Dann kann es losgehen mit dem Tanz um das berühmte Hexenfeuer (gebildet aus einer vorher auf den Boden gelegten Decke). Erst einmal tanzen die Hexen auf ihren Besen um das Feuer herum. Wer kennt noch das Lied der kleinen Hexe:

Nun wärmen sich die Hexen ihre Hände am Feuer und verschnaufen ein wenig. Zum nächsten gemeinsamen Lied sind sie dann wieder gut erholt:

„Trarira, die Hexen, die sind da"
(Nach der Melodie „Der Sommer, der ist da")

1. Trarira, die Hexen, die sind da!
   Der Tag ist zerronnen,
   die Nacht hat begonnen.
   Ja, ja, ja, die Hexen, die sind da!

2. Trarira, die Hexen, die sind da!
   Sie springen übers Feuer
   und freu'n sich ungeheuer.
   Ja, ja, ja, die Hexen, die sind da!

3. Trarira, die Hexen, die sind da!
   Sie springen über Besenstiele
   und machen wilde Spiele.
   Ja, ja, ja, die Hexen, die sind da!

Der Tanz wird immer schneller. Einige Hexen trauen sich sogar, über das lodernde Feuer zu springen. Manche Hexen nehmen sich an der Hand und springen zu zweit oder zu dritt. Kann denn jemand auch rückwärts um das Feuer herumtanzen?

Dreht euch nicht um, der Besen geht um

- Hexenbesen
- Musik

Die Hexen stellen sich im Kreis auf, mit dem Rücken zur Kreismitte. Eine Hand wird nach hinten auf den Rücken gelegt und darf nicht benutzt werden. Mit der freien Hand wird der Besen in der Runde weitergereicht. Dazu spielt Musik. Plötzlich stoppt die Musik, und wer den Besen in diesem Augenblick in der Hand hält, scheidet aus. Gewonnen hat die Hexe, die als letzte übrigbleibt.

Eins, zwei, drei – und Tausch vorbei!

- Hexenbesen

Jeweils zwei Kinder stehen sich gegenüber. Jedes hat einen Hexenbesen (Besenstiel, Spazierstock) in der Hand. Beide zählen laut: „Eins, zwei, drei – und Tausch vorbei!" Bei „vorbei" lassen beide ihren Hexenbesen los und fangen den des Partners.
Um das Spiel etwas spannender zu gestalten, kann der Abstand zwischen den beiden nach jedem Tausch etwas vergrößert werden.

Spinnfadenknäuel

- Wollknäuel
- kleines Geschenk
- Würfel

Das Geschenk wird mit der Wolle umwickelt. Der Hexenmeister Aramsam hat ein Geheimnis mit Spinnfäden umzaubert. Mit Hilfe der magischen Sechs können es die jungen Hexen entzaubern. Die kleinen Hexen sitzen im Kreis: Jede Hexe darf der Reihe nach einmal würfeln. Fällt eine Sechs, darf die Hexe den Spinnfaden so lange abwickeln, bis die nächste Sechs gewürfelt wird. Welche Hexe wird das Geheimnis lüften?

Schwarzer Kater

- Augenbinde

Das Feuer brennt langsam herunter – die Kinder gehen zu Paaren zusammen. Plötzlich hören die Hexen ein ängstliches Miauen. Ihre Kater haben sich verlaufen. Die Hälfte der Kinder wird zu Katzen, die sich im Raum verstecken. Die anderen versuchen nun, ihren Kater mit geschlossenen oder verbundenen Augen wiederzufinden. Sie können sich dabei nur am „Miau" der Kater orientieren und sie mit den Händen ertasten.

Verabschiedung

Gute Nacht, Hexen

- Papierbögen

Die Hexennacht neigt sich ihrem Ende zu, und alle Hexen machen sich durch den großen, dunklen Wald auf den Weg zu ihrem Hexenhäuschen. Um ihnen dabei zu helfen, sind Papierbögen hintereinander (auch in Kurven) im Abstand von etwa einem Schritt auf dem Boden ausgelegt. Mit verbundenen Augen tasten die kleinen Hexen nach dem Papier, stellen sich darauf und suchen mit den Händen nach dem nächsten Stück, bis sie bei ihrem Häuschen angekommen sind. Einige Hexen haben auch ihre Katze dabei, und da Katzen im Dunkeln ja sehr gut sehen können, lenken sie die kleinen Hexen sicher durch den Wald. Drückt die Katze auf die rechte Schulter, wendet sich die Hexe nach rechts, drückt die Katze links, wendet sich die Hexe nach links, ansonsten geht's geradeaus. Todmüde brechen alle Hexen vor dem Haus zusammen. Da liegen sie nun auf einem großen Haufen. Jeder weiß aber, daß Hexen der Größe nach nebeneinander im Bett liegen müssen. Wer schafft es also noch, die Hexen an den Beinen aus dem Haufen zu ziehen und sie der Größe nach nebeneinander auf den Boden zu legen?
Geschafft? Na dann: gute Hexennacht!

Wie ein Fisch

im Wasser

Kinder jeder Altersgruppe sind vom Spielen mit und im Wasser immer wieder fasziniert. Deshalb bietet sich bei schönem Wetter ein Planschbeckenfest an. Wer keinen Garten zur Verfügung hat, sollte vor dem Fest einen geeigneten Platz in einem Park oder auf einer Wiese auskundschaften. Gemeinsam werden Planschbecken und Wassereimer dorthin getragen.

Einladung

<u>Fisch im Wasser</u>

- Wellpappe 15 x 21 cm
- Wachsmalstifte
- farbiges Tonpapier
- Filzstifte
- Schere
- Klebstoff

Die Wellpappe – mit den Rillen nach außen – in der Mitte knicken. Mit Wachsmalstiften quer zu den Rillen Linien aufmalen. Zwei Fischformen, zwei Schwanzflossen, vier Seitenflossen und einen Meeresgrund auf das Tonpapier übertragen und ausschneiden. Die Flossen an den Enden fächerförmig einschneiden und alle Teile aufkleben. Die Fischaugen und Luftblasen mit Filzstiften aufmalen. Auf dem Meeresgrund steht „Einladung“.
Für den Einladungstext ist Platz auf der Innenseite der Klappkarte.

Dekoration

Geheimnisvolle Unterwasserwelt

- großes Planschbecken
- Fische aus Papier
- blaue Müllsäcke
- Folie

Zentrum des Festes ist ein etwas größeres, mit Wasser gefülltes Planschbecken. Das Wasser sollte schon rechtzeitig eingefüllt werden, so daß es warm ist, wenn die Gäste kommen. Oder man gießt einige Eimer warmes Wasser dazu, denn Kinder kühlen schnell aus und frieren dann. Außerdem sollte für genügend Schatten gesorgt werden, zum Beispiel durch das Aufstellen von Sonnenschirmen. An Bäumen, Sträuchern und Hauswänden hängen aus Farbpapier ausgeschnittene Fische. Wo es sinnvoll ist, etwa an einer Hauswand, kann der Hintergrund aus aufgeschnittenen blauen Müllsäcken bestehen. Essen und Trinken serviert man auf einem verkleideten Kinderwagen (oder Puppenwagen), der mit Folie ausgelegt ist, die bis zu den Rädern überhängt. Auf die Folie werden aus Farbpapier ausgeschnittene Fische und Luftblasen geklebt.

Essen und Trinken

Fischfutter

- eine große, mit Studentenfutter gefüllte Schale

Algensalat
(für 8 Personen)

- 500 g Äpfel
- 500 g Möhren
- 4 Becher Joghurt
- 4 Eßlöffel Zucker
- Saft von 2 Zitronen
- 1 Prise Salz

Die Äpfel und Möhren raspeln und in eine große Schüssel geben. Darüber kommt die Joghurtsalatsoße, für die die restlichen Zutaten vermischt werden. Alles gut unterrühren – fertig!

Kugelfische

- Hackfleischbällchen mit auf Holzspießen aufgesteckten Cornichons

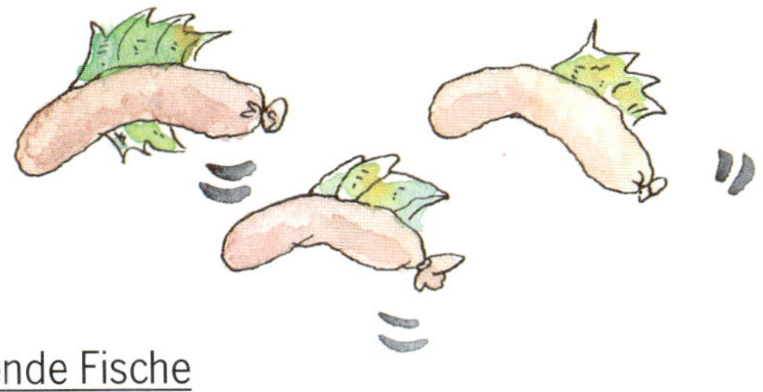

Fliegende Fische
- Würstchen
- Pizza
- Kräckerfische
- roter/grüner Wackelpudding

Zu essen gibt es fliegende Fische. Das sind Würstchen, die an einer Schnur hängen. Die Schnur wiederum hängt an einem Stöckchen. Immer zwei Kinder verspeisen zusammen ihren „Fisch“: Das eine Kind hält die „Angel“ mit dem Würstchen, das andere versucht, sich den Fisch mit dem Mund zu schnappen. Da beide hungrig sind, wird es bald gelingen. So füttern sich die Kinder gegenseitig.
Wer möchte, kann auch eine große Pizza backen und diese mit Kräckerfischen (gibt es zu kaufen) verzieren.
Natürlich gibt es auch zum Nachtisch Fisch. Dazu wird roter und grüner Wackelpudding in Fischförmchen gefüllt und nach dem Erkalten gestürzt.

Kieselwasser
- Früchte- und Pfefferminztee
- weißer und brauner Kandiszucker
- Apfelsaft/Kirschsaft
- Mineralwasser

Für dieses Festgetränk braucht man bei vier Kindern einen halben Liter Früchtetee, der mit einem halben Liter Pfefferminztee gemischt wird. In den lauwarmen Tee kommt nach Gutdünken weißer und brauner Kandiszucker in kleinen Stückchen: die Kieselsteine. Ist der Tee abgekühlt, wird er mit etwas Apfelsaft oder Kirschsaft abgeschmeckt und in den Kühlschrank gestellt. Bevor das Kieselwasser serviert wird, kann es mit kaltem Mineralwasser verlängert werden.

Spiele, Spiele, Spiele

Fliegende Fische

Wenn alle Kinder im Planschbecken sitzen, kann man folgendes Spiel spielen:
Das wunderschöne Fischkonzert hat viele andere Tiere angelockt. Aber welches Tier kann fliegen? Einzelne Tiere werden aufgezählt, und wenn ein genanntes Tier fliegen kann, stehen alle auf und ahmen mit den Händen das Fliegen nach. Danach setzen sie sich wieder ins Wasser.
Zum Beispiel:
„Alle Elefanten fliegen hoch" oder „Alle Mücken fliegen hoch"...

Fische werfen

- Kunststoffring
- Tischtennisbälle

In das Planschbecken wird ein Kunststoffring geworfen, der an der Oberfläche schwimmt. Die Kinder bekommen nun Tischtennisbälle und versuchen, diese in die Mitte des Ringes zu werfen. Erst wenn alle Bälle im Ring liegen, sind auch alle Fische gefangen.

Schatzdosen

- viele leere Filmdosen, die mit kleinen Leckereien gefüllt werden
- Siebe, Schöpfkellen als Angelnetze

Die Schatzdosen in das Planschbecken werfen. Die Kinder versuchen vom Beckenrand aus, die Schatzdosen mit den Sieben herauszufischen.

Apfelwettessen

- Schüssel mit Wasser
- Apfel
- Würfel

Beim Apfelwettessen bleiben die kleinen Fische dem nassen Element verbunden. In die mitgebrachte Schüssel wird so viel Trinkwasser gefüllt, daß ein Apfel gut darin schwimmt. Nun wird, auf einem Tisch oder einer trockenen Unterlage, reihum gewürfelt. Wer eine Sechs würfelt, darf zur Schüssel laufen und versuchen, ein Stück vom Apfel abzubeißen, aber ohne die Hände zu Hilfe zu nehmen.
Anschließend haben sich alle eine Stärkung und eine Ruhepause verdient.

Der Rüsselfisch

- viele Tischtennisbälle
- Plastikschläuche mit ∅ 15 mm, entsprechend der Anzahl der Gäste
- Uhr

Der Rüsselfisch ist der Schrecken der Meere. Er schleicht sich heran, und schwups! schon hat er einen kleinen Fisch mit seinem langen Rüssel aufgesogen.
Die Kinder sitzen um das Becken herum. Auf dem Wasser schwimmen die Tischtennisbälle. Diese sollen nun mit Hilfe des Schlauches angesaugt und aus dem Wasser geholt werden. Aber Achtung! Nicht das ganze Wasser austrinken. Wer saugt in zwei Minuten die meisten Bälle aus dem Wasser?

Wasserbomben

- Luftballons, mit Wasser gefüllt und gut verknotet

Die Kinder werfen sich die Wasserbomben gegenseitig zu. Wird eine nicht aufgefangen, explodiert sie auf der Erde.
Es gibt noch viele Verwendungsmöglichkeiten für Wasserbomben.
Zum Beispiel:
- Weitwerfen
- alle in eine Reihe legen und versuchen, darauf entlangzulaufen

Der Phantasie sind da keine Grenzen gesetzt.

Flaschenfisch

- Plastikflasche
- Folienstifte
- Softbälle

Jedes Kind bekommt eine Plastikflasche und darf sie mit Wasser füllen. Dann werden die Flaschen abgetrocknet, und die Kinder malen auf ihre Flasche mit Folienstift ein Zeichen oder einen farbigen Punkt.
Die Flaschen werden in einer Reihe nebeneinandergestellt. Die Kinder versuchen nun, die Flaschen der anderen mit Softbällen umzuwerfen. Ist eine Flasche getroffen und kippt um, läuft deren Besitzer schnell los, um das Wasser in der Flasche zu retten. Wer am Ende noch das meiste Wasser in seiner Flasche hat, ist Sieger.

Goldfisch

Ein Kind liegt im Planschbecken und spielt den Goldfisch. Es spritzt nach Herzenslust und hofft, sich so vor den anderen Fischen zu schützen. Diese versuchen, den Goldfisch zu berühren und damit selbst zum Goldfisch zu werden.

Verabschiedung

Wenn das Fest zu Ende ist und die kleinen Fische sich wieder angezogen haben, kommen alle in einem Kreis zusammen, um sich mit einem Fischlied zu verabschieden.
(Melodie nach „Die Tiroler sind lustig“, volkstümliches Spiellied aus Österreich)

Die Fische sind lustig

Die Fische sind lustig,
die Fische sind froh,
sie schwimmen im Wasser
und tanzen dazu.

Erst dreht sich der Karpfen,
dann dreht sich der Aal,
dann tanzen sie beide
rund um den Wal.

Ali Baba und die Räuber

Dieses Räuberfest braucht etwas Zeit für die Vorbereitung. Die Kinder dürfen sich als Räuber verkleiden. Deshalb ist es notwendig, eine Kiste mit alten Kleidern, Tüchern und weiteren Utensilien zum Verkleiden bereitzustellen. Modeschmuck und Stoffbahnen sollten genauso vorhanden sein wie Schminkfarben und Bärte.

Einladung

Räuberpost

- dünnes Packpapier
- Buntstifte, Filzstifte
- Buntpapier
- Schere
- Siegellack
- Geschenkband ca. 20 cm lang
- Ein-Pfennig-Münze
- Streichhölzer

Aus dem Packpapier ein 20 x 20 cm großes Quadrat ausschneiden. Die Spitzen zur Mitte hin falten. Die Ecken etwas anbrennen. Den Anfang des Einladungstextes auf den Deckel schreiben, die Fortsetzung in die Innenseite der Karte.
Die nicht beschrifteten Flächen in der Innenseite können bemalt oder mit Stickern beklebt werden.
Die gefaltete Karte mit Siegellack versiegeln.
Das Geschenkband und den Pfennig mit dem Siegellack festkleben.

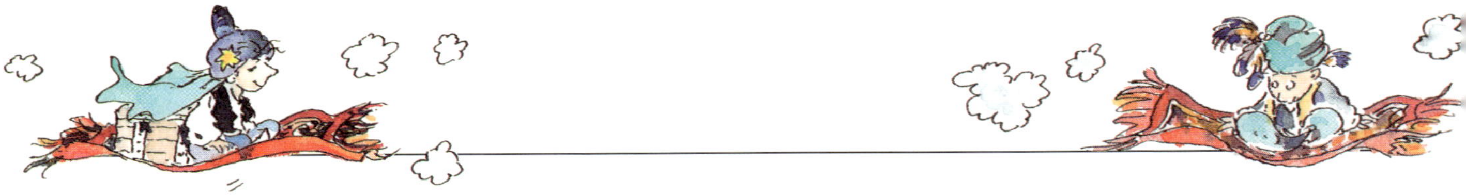

Dekoration

Geheimnisvoller Orient

- Vorhänge/Tücher
- Goldfolie
- Fotokarton
- große Schachtel
- kleine Schachtel
- Goldfarbe
- Farbstifte
- Verkleidungskiste mit Stoffen und Schminke

Das Zimmer wird mit Vorhängen und Tüchern zum „Orient“. Goldene Sterne und Halbmonde verzieren die Tücher, die von Wänden und Decke herabhängen, den Raum jedoch frei lassen. Beim Anfertigen von Sternen und Monden darf das Geburtstagskind helfen. Die Formen werden aus Fotokarton ausgeschnitten und mit goldener Folie beklebt oder mit Goldfarbe angemalt.

In einer Ecke befindet sich die Höhle, ein mit Decken verhängter Tisch. In den anderen Ecken stehen ein mit bunten Punkten beklebter Karton (der „Sesam“) und die Schatzkiste. Der „Sesam“ muß, wenn ein Kind in den Karton schlüpfen soll, entsprechend groß sein. Die Schatzkiste kann viel kleiner sein. Sie wird vergoldet (mit Folie oder Farbe); die dicken Nägel, Holzleisten und das Schloß werden aufgemalt. Ein kleiner Tisch mit Stühlen nahe einer Wand wird vorerst als Schminktisch genutzt (Kunststoffolie nicht vergessen). Daneben steht die Klamottenkiste (mit Tüchern für Gewänder und Turbane, mit Bärten zum Ankleben und Gürteln).

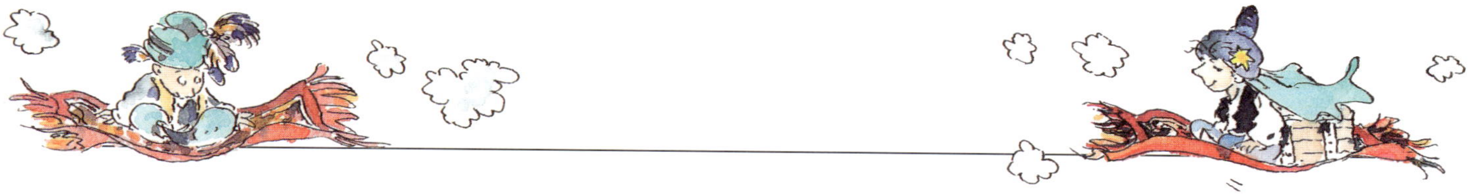

Essen und Trinken

Räuberplatte

- Weißbrot, Vollkornbrot
- Wurst-, Käseaufschnitt
- Paprika
- Maiskölbchen
- Gewürzgurken
- Obst

Brotscheiben mit Butter oder Margarine bestreichen und unterschiedlich belegen.
Zum Beispiel:
- ein Salatblatt, darauf zwei in Mortadella eingerollte Maiskölbchen
- eine Scheibe Schinken, mit Gewürzgurken garniert
- Käsescheiben, mit Paprikastreifen garniert

Viele verschiedene Obstsorten dazulegen.

Räuberzeichen

- 125 g Margarine
- 125 g Zucker
- 1 Päckchen Vanillezucker
- 1 Ei
- 250 g Mehl

Vor dem Fest werden Räuberzeichen gebacken und das Geburtstagskind darf dabei helfen. Aus normalem Plätzchenteig können wunderliche Formen geschnitten oder geformt werden. Welche Bedeutung das einzelne Zeichen haben könnte, das erzählen sich die kleinen Räuber dann, während sie daran knabbern.

Räuber„wein“

- Kirschsaft, mit Mineralwasser verdünnt

Räubermokka

- kalter oder warmer Kakao

Spiele, Spiele, Spiele

Verkleiden und Schminken

- Schminkfarben
- Bärte
- Modeschmuck/Glimmer
- Umhänge usw.
- Stoffbahnen 2 m lang, 10 cm breit

Die kleinen Gäste verkleiden sich und werden geschminkt. Dabei sollte sparsam mit Schminke umgegangen werden. Klar, daß Räuber Bärte tragen. Räuberinnen entscheiden sich vielleicht eher für Glimmer und Glitzerkram. Um die Gewänder werden Gürtel geschlungen, damit sich die Kinder so frei wie möglich bewegen können. Die Turbane sollten mit Haarklammern gut befestigt werden, damit sie bei den Spielen nicht ständig herunterpurzeln.
Sie bestehen aus etwa 10 cm breiten und etwa 2 Meter langen bunten Stoffbahnen. Man legt das eine Ende so über den Kopf des Kindes, daß es am Hinterkopf endet, führt die Bahn nach vorne zur Stirn und wendet den Stoff. Dann führt man ihn rechts um den Kopf, wobei der Stoff jedesmal hinten und vorne gewendet wird. So bekommt der Turban Festigkeit. Man kann das Tuch etwa vier- bis fünfmal um den Kopf führen. Dann wird das Ende in eine der Bahnen gesteckt. Wenn die Turbane doch nicht so gut halten, darf ruhig mit Briefklammern nachgeholfen werden.

Räubernamen

- Kärtchen zum Anstecken
- Stift

Jeder Räuber darf sich einen orientalischen Namen aussuchen. Eine kleine Auswahl: Ali – Baba – Lotus – Serifa – Achmed – Malik – Turek – Nasare – Fatima. Die Namen werden vorgelesen, damit die Kinder sich für einen entscheiden können. Danach werden sie auf vorbereitete Kärtchen geschrieben und mit einer Sicherheitsnadel an der Kleidung befestigt.

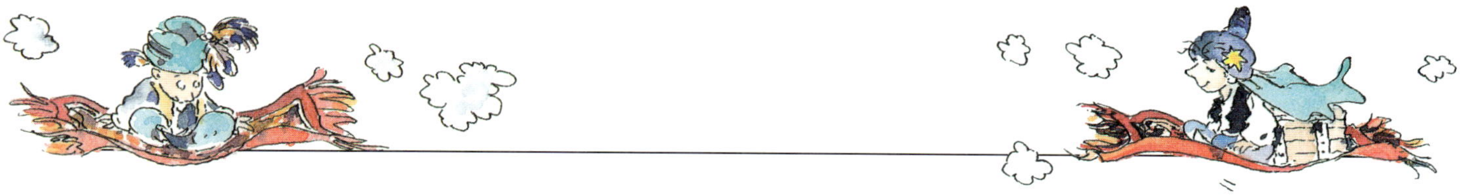

Räuberlied

Unser Räuberlied ist ganz einfach. Alle kennen sicher „Alle meine Entchen …“ Auf diese Melodie können wir auch den Räubersong schmettern und dabei im Kreis tanzen:

Ali ist ein Räuber,	*Wir fassen uns bei den Händen.*
groß und stark und schwer.	*Wir zeigen unsere Muskeln.*
Baba ist die Räuberin,	*Wir zeigen auf die Mädchen*
stärker noch als er.	*und auf deren tolle Muskeln.*
Ali raubt die Schätze	*Wir fassen uns bei den Händen.*
und versteckt sie gut.	*Wir tun so, als raubten wir Schätze.*
Baba hat sie nämlich	*Wir tun so, als versteckten wir sie*
unter ihrem Hut.	*unter den Hüten der Mädchen.*
Ali kann auch tanzen:	*Wir fassen uns bei den Händen.*
Hoch den Fuß und dreh'n.	*Loslassen und auf einem Fuß drehen.*
Baba klatscht vor Freude,	*Wir klatschen in die Hände*
läßt die Haare weh'n.	*und schütteln unsere Köpfe.*
Ali ist jetzt müde	*Wir fassen uns bei den Händen.*
und will schlafen gehn.	*Die Jungen legen sich hin.*
Baba legt sich mit dazu.	*Die Mädchen legen sich hin.*
Beide haben's schön.	*Alle kuscheln sich aneinander.*

Räubersprüche

Der A-Spruch:
Der Räuber ist ganz plötzlich da
und ruft ganz laut: Erwischt. Aha!

Der E-Spruch:
Dem Räuber tut nix richtig weh.
Er schreit dann bloß erstaunt: Olé!

Der I-Spruch:
Den Räuber sieht man nie.
Man hört ihn nur. Und wie!

Der O-Spruch:
Der Räuber ist fast immer froh
und ruft bei großer Beute: Oh!

Der U-Spruch:
Der Räuber packt ganz kräftig zu.
Schnell ist er da – und weg im Nu.

Kleine Rätsel

- Was lehnt an der Wand
  und ist nur für Räuber da?
  (Die Räuberleiter)

- Was reimt sich auf Raub
  und raschelt so schön?
  (Laub)

- Wen mag Ali am allerliebsten?
  (Baba)

Schatzkreis

- 12 kleine Schachteln
- Watte
- 1 Tüte Gummibärchen

Davon ausgehend, daß sechs Kinder anwesend sind, wurden zwölf Schätze verpackt; das sind beliebige Kartons (Kinderschuhkarton usw.), die mit Geschenkpapier und einer Schleife verziert sind. Ein Karton birgt (in Watte verpackt, damit es nicht klappert) einen wirklichen kleinen Schatz, eine Tüte Gummibärchen oder ähnliches. Die Räuber setzen sich in der Mitte des Raums auf den Boden. Um sie herum entsteht aus den Kartons ein Schatzkreis. Ein Kind nach dem anderen geht um die Schätze herum und zählt sie ab bis zur Zahl des eigenen Alters, wobei der Start beliebig ist. Der Schatz, der nun vor ihm liegt, gehört ihm auch. Am Ende der ersten Runde hat jedes Kind einen Schatz. Jetzt geht es an das Öffnen. Wer wird der Glückliche sein, der den Schatz findet (und natürlich an die Mitspieler verteilt)? Hat keiner den Schatz gefunden, muß er sich unter den restlichen sechs Kartons befinden. Noch einmal gehen die Kinder im Kreis um die Schätze herum, zählen ihr Alter ab und nehmen den Karton an sich. Wenn nun alle auspacken, muß der Schatz gefunden werden.

Sesam, öffne dich

- Karton mit „Schätzen“

Ein großer Karton ist unser Sesam, die geheimnisvolle Höhle mit den Schätzen. Das Gastgeberkind klettert von hinten in den Karton, die geschlossene Öffnung zeigt nach vorn zu den anderen Kindern, den Räubern. Ein Räuber stellt sich vor den Karton und ruft:
„Sesam, öffne dich!“
Aus dem Karton schallt es zurück:
„Nur wenn du mir deinen Räubernamen sagst!“
Der Räuber nennt seinen Namen.
„Jetzt sage mir, wie alt du bist“, schallt es aus dem Karton.
Der Räuber nennt sein Alter.
Da öffnet sich langsam das Tor, und ein kleines Geschenk wird herausgeschoben. Der glückliche Räuber zieht von dannen, und der nächste versucht sich: „Sesam, öffne dich ...“

Schuhraub

- Augenbinde

Einem Kind, dem Schatzmeister, werden die Augen verbunden. Die anderen Kinder sind die Räuber. Sie ziehen ihre Schuhe aus und stellen sie im Kreis ganz eng um den Schatzmeister herum auf. Das kann noch laut geschehen. Dann aber muß es mucksmäuschenstill werden. Der Schatzmeister will sich die Schuhe nicht wegnehmen lassen, die Räuber wollen sie stehlen. Also schleichen sie sich ganz leise an und stehlen die Schuhe. Ist ein Schuh gestohlen, ruft der glückliche Räuber: „Paß ein bißchen besser auf, Schatzmeister!“
Weiter werden Schuhe gestohlen. Berührt jedoch der Schatzmeister einen Räuber, dann darf er die Augenbinde an den Räuber weitergeben, und die Rollen werden gewechselt. Das geht so lange, bis der letzte Schuh geraubt worden ist. Erwischt ein Schatzmeister keinen Räuber, darf er ruhig abgelöst werden.

Raub der Sabinerinnen

Dieses Spiel kann genausogut auch „Raub der Estherinnen“ oder „Raub der Andreaerinnen“ heißen. Die Kinder laufen auf allen vieren durch den Raum. Ein Räuber ist der Fänger und ruft den Namen eines anderen Räubers, also etwa: „Sabine!“ Diese soll also geraubt werden und muß sich vor dem Fänger in Sicherheit bringen. Nun wuseln alle durcheinander. Wenn der Räuber Sabine erreicht hat, wird sie zum Räuber. Gibt es jedoch mehrere Mädchen mit dem Namen Sabine, müssen auch alle gefangen werden.

Räuberrot

- Kopftuch

Der Räuber bekommt ein Kopftuch umgebunden, damit ihn alle Kinder gut erkennen können. Sie stehen in einem kurzen Abstand um ihn herum und rufen:

„Räuber, Räuber, wir sind heller!
Räuber, Räuber, wir sind schneller!
Komm heraus aus deinem Loch,
Fang uns doch, fang uns doch!“

Schon rasen alle los. Der Räuber versucht, ein Kind abzuschlagen. Schafft er das, wird dieses Kind der Räuber. Aber: Wenn ein Kind etwas Rotes anfaßt, kann der Räuber es nicht abschlagen. Er fürchtet nämlich nichts mehr als die Farbe Rot!

Die Räuberleiter

Fünf Kinder gehen auf alle viere, und zwar so, daß jeweils das hintere Kind seinen Kopf zwischen die Beine des vorderen klemmt. Das sechste Kind nun krabbelt über die fünf gebeugten Rücken bis zum Ende der Leiter und fügt sich dort ein. Dann ist das nächste Kind an der Reihe. Haben alle die gefährliche Leiter überwunden, können sie es noch einmal in die andere Richtung versuchen.

Raubzug

- Beutestücke, z. B. Schmuckstücke, Sack mit Geld, „goldene Löffel" entsprechend der Anzahl der Räuber
- Pfeife

Die Räuber haben einen erfolgreichen Raubzug hinter sich. Nun gilt es, die Beute schnell ins Versteck zu bringen. Ein Warnpfiff des Räuberhauptmanns sagt ihnen, daß die Verfolger ihnen schon auf der Spur sind.
Alle Räuber sitzen im Kreis auf Stühlen. Jeder hält ein Beutestück in der Hand. Der Räuberhauptmann pfeift, und schnell werden die Beutestücke rechtsherum weitergegeben. Bei einem erneuten Pfiff wird sofort die Richtung gewechselt. Der Räuber, der einen Gegenstand fallen läßt oder plötzlich zwei in der Hand hat, muß ein Pfand abgeben.
Zum Auslösen der Pfänder müssen kleine Aufgaben erfüllt werden.

Schnabelschuh-slalom

● Plastikkegel oder Dosen

Aus Plastikkegeln oder Dosen wird auf dem Boden eine Slalomstrecke gebaut. Die einzelnen Hindernisse sollen nicht mehr als 20 cm auseinanderstehen. Nacheinander ziehen die Kinder die Schnabelschuhe an und versuchen, die Slalomstrecke bis zum Ziel ohne Umwerfen eines Hindernisses zurückzulegen. Kommt ein Kind am Ziel an, ohne einen Kegel umgeworfen zu haben, wird es mit Klatschen und Johlen begrüßt. Wer einen Fehler macht, versucht es halt noch einmal.

Basteln: Schnabelschuhe

- *Draht*
- *Zeitungen*
- *Tapetenkleister*
- *Farben*

Schnabelschuhe können mit einem Drahtgestell gebaut und durch bemaltes Zeitungspapier verkleidet werden. Dazu aus dem Draht eine Schuhsohle ausschneiden und diese mit einem zweiten Stück Draht so umwickeln, daß eine Schuhkappe entsteht. Die Spitze zusammendrücken. Die Zeitungen zu kleinen Schnipseln reißen und den Tapetenkleister in einem Eimer anrühren. Die Zeitungsschnipsel damit bestreichen und den Drahtschuh damit verkleiden. Gut trocknen lassen (1–2 Tage) und dann anmalen.
Für eine einfachere Variante braucht man ein Paar alte Badeschuhe und etwa 80 cm lange schmale Holzlatten. Die Schuhe werden mit vielen kleinen Nägeln auf den Holzlatten befestigt.

Kopf oder Leben

● Münze mit Kopf und Zahl

Alle Räuber sitzen im Kreis auf dem Fußboden. Ein Räuber setzt sich in die Mitte und wirft die Münze in die Höhe. Je nachdem, auf welche Seite das Geldstück fällt, ruft er „Kopf“ oder, bei Zahl, „Leben“. Bei „Kopf“ müssen alle mucksmäuschenstill sein. Bei „Leben“ fangen sie an zu lärmen, müssen aber sofort wieder stumm sein, wenn die Münze aufgenommen wird. Jeder, der einen Fehler macht, scheidet aus. Dieses Spiel sollte temporeich gespielt werden.

Verabschiedung

<u>Die Schatzkiste</u>

- bemalter oder beklebter Karton
- Modeschmuck
- Zettel mit Nummern
- Päckchen mit kleinen Geschenken

Alle Räuber gehen zur Schatzkiste. In diesem (silbernen?) Kistchen sind wahre Schätze zu finden, Schmuck, wertvolles Silbergeschirr und anderes mehr. Die Räuber setzen sich um die Kiste herum und schauen sich die Schätze in Ruhe an. Reihum nimmt sich jedes Kind einen Schatz aus der Kiste und sucht nach der Nummer, die irgendwo verborgen ist. Wer eine Nummer findet, bekommt zum Abschied ein kleines Päckchen mit dieser Nummer, in dem ein kleines Geschenk ist.
Wahrscheinlich warten jetzt schon die ersten Eltern, um ihre kleinen Räuber abzuholen. Das Fest klingt ruhig aus. Die Kinder können sich dabei gegenseitig abschminken und ihre Verkleidungen ablegen. Dann ist endgültig Schluß, und die Kinder werden mit ihrem Räubernamen verabschiedet.

Wilde Wasserratten

Wenn kleine „Ungeheuer" feiern, wird es unter Umständen ungeheuer naß. So zumindest bei diesem Fest in einem Spaßbad, wo sich die kleinen Wasserratten nach Herzenslust austoben können. Sie sollten mit nicht mehr als acht Kindern losziehen und zusätzlich weitere ein bis zwei Erwachsene als Begleitpersonen für das Vorhaben gewinnen. Außerdem wäre es ratsam, mit der Aufsicht (Schwimmmeister) zu sprechen und abzuklären, in welcher Ecke des Bades das Ganze vonstatten gehen darf.

Einladung

Badespaß

- seegrüner und rosa Tonkarton
- farbiges DIN-A4-Papier
- Sand
- Pauspapier
- Buntstifte, Filzstifte
- Schere
- Klebstoff

Aus dem seegrünen Tonkarton eine Postkarte ausschneiden. Die abgebildete Wasserratte abpausen und auf den rosa Tonkarton übertragen, ausschneiden, anmalen und auf die Karte kleben.
Mit dem Klebstoff Wellenlinien auftragen und mit Sand bestreuen.
Aus dem DIN-A4-Papier einen 5 cm breiten Streifen schneiden und zur Ziehharmonika falten. Einen Kreis von ca. 5 cm Durchmesser ausschneiden.
Wichtig! Darauf achten, daß die Faltkanten verbunden bleiben. Den Kreis anmalen und beschriften. Den unteren Kreis auf die Karte kleben.

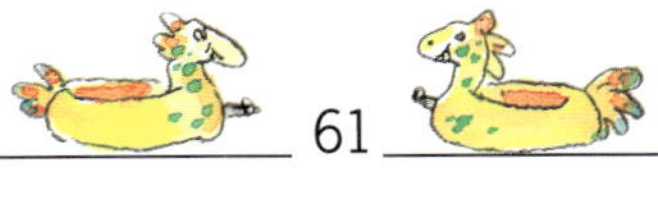

Essen und Trinken

Doppeldecker
(pro Kind etwa 2–3 Doppeldecker)

- 3 dünne Brotscheiben
- Butter oder Margarine
- Obst

Für einen Doppeldecker drei dünne Brotscheiben mit Butter oder Margarine bestreichen, zwei Scheiben übereinanderlegen und mit der dritten Brotscheibe zuklappen. Diagonal durchschneiden.
Dazu gibt es geschältes und in Stücke geschnittenes Obst.

Schatzdose

- Müsliriegel
- Kekse
- Fruchtschnitten

Die Schatzdose ist eine Box, gefüllt mit vielen kleinen Leckereien.

Obstsäfte

In den meisten Hallenbädern ist es untersagt, Glasflaschen mitzubringen. Daher bieten sich Obstsäfte in kleinen Pappkartons an.

Spiele, Spiele, Spiele

Rutschpartie

- bunte Seile
- schwere Reifen
- Plastikspielzeug

Und sofort geht es los ins Wasser! Alle Kinder versammeln sich an der Rutsche. Bunte Seile oder schwere Reifen oder auch Plastikspielsachen werden vor der Rutsche auf dem Boden des Schwimmbekkens versenkt oder schwimmen auf dem Wasser. Sie bilden die Zielpunkte, die unsere kleinen Wasserratten beim Eintauchen ins Wasser treffen sollen. Einzeln schlittern die Kinder also die Rutsche hinunter und versuchen, ihr Ziel zu treffen. Die Treffer können gezählt werden.
Falls zwischendurch andere Kinder, die nicht zur Gruppe gehören, rutschen und auch die Zielpunkte benutzen, nehmen Sie es gelassen – und beruhigen Sie „Ihre" Kinder.

Geschicklichkeits-staffel

- rote Kunststoffschnüre
- 2 Tischtennisbälle
- 2 Eßlöffel
- 2 Luftballons
- 2 Pappbecher
- gefärbtes Wasser in einer Flasche

Für die Staffel wird in einem ruhigen Teil des Bades eine fünf bis sieben Meter lange Strecke „abgesteckt". Tun Sie das nach Absprache mit dem Bademeister mit roten Kunststoffschnüren. Die Bahn kann auch von Wand zu Wand führen. Das Wasser sollte etwa brusthoch sein, damit sich die kleinen Spieler nicht verausgaben.
Nun werden zwei Gruppen gebildet. Jede Gruppe erhält einen Tischtennisball, der mit Hilfe eines Eßlöffels möglichst schnell ans andere Ende der Schwimmbahn und zurück befördert werden soll. Dabei ist jede Art der Fortbewegung erlaubt. Das zweite Kind jeder Staffel darf erst dann loslegen, wenn das erste ihm Löffel und Ball in die Hand gegeben hat.
Die nächste Aufgabe besteht darin, den Tischtennisball durch Wedeln mit den Händen auf die andere Seite zu bringen. Dabei soll das Wasser in Bewegung geraten. Der Ball selbst darf aber nicht berührt werden.
Etwas einfacher ist es, einen Luftballon von einem Beckenrand zum anderen zu transportieren. Allerdings darf auch dieser nicht mit den Händen berührt werden. Aber sonst ist alles erlaubt: mit dem Kopf oder Bauch schubsen, schwimmend mit den Füßen stoßen usw.
Haben die Gruppen auch diese Aufgabe bewältigt, bekommt jedes Team einen mit Wasser gefüllten Becher. Das Wasser sollte allerdings eingefärbt sein, weil man sonst ja einfach mit dem Wasser aus dem Schwimmbecken nachfüllen kann. Gewonnen hat nun die Staffel, deren letzter Wasserläufer nach seiner Rückkehr noch die meiste farbige Flüssigkeit im Becher vorweisen kann.

Wasserschlacht und Tütenzauber

- Plastiktüten

Nun kommen Plastiktüten zum Einsatz. Zunächst probieren alle aus, was damit zu machen ist.
Zum Beispiel:
- durchs Wasser ziehen
- mit gefüllten Tüten schwimmen, ohne etwas zu verschütten
- sich auf den Beutel setzen (oder sogar stellen?)
- dem Nachbarn die gefüllte Tüte zuwerfen
- sie weitergeben oder den Inhalt umfüllen

Es werden wieder zwei Gruppen gebildet. Sie stellen sich in Reihen auf, und das erste Kind jeder Reihe füllt seine Tüte mit Wasser. Durch Umfüllen in die Tüte des nächsten Kindes gelangt das Wasser bis ans Ende der Reihe. Hier wird verglichen, wieviel noch übrig ist.
Während einer zweiten Runde wird festgestellt, wieviel Durchgänge die Spieler schaffen, bevor ihnen das Wasser ausgeht.

Eine Wasserratte steht selten allein

Alle Kinder versammeln sich und bilden im Wasser einen Doppelkreis. Jeweils zwei stehen hintereinander, nur ein einsames armes Kind steht allein. Dieses versucht nun, durch Zublinzeln einen Partner zu finden. Sieht also ein Kind im Innenkreis, daß ihm zugeblinzelt wird, versucht es, so schnell wie möglich durch das Wasser zu dem einsamen Spieler zu kommen. Die Kinder im Außenkreis haben ihre Hände auf dem Rücken. Sie passen gut auf, daß ihnen ihre Partner nicht entwischen. Ein fliehendes Kind darf jedoch nur an den Schultern festgehalten werden. Gelingt die Flucht dennoch, beginnt ein neuer, gerade allein gelassener Spieler zu blinzeln.
Stellen Sie fest, daß sich die Kinder mit Blinzeln zu schwer tun – manche können es wirklich nicht –, dann muß ein anderes Erkennungszeichen gefunden werden, etwa „die Nase rümpfen“ oder ähnliches. Nur die Hände dürfen nicht dafür eingesetzt werden. Sie müssen auf den Rücken bleiben.

Wasser-verkleidungsshow

- 2 Hosen
- 2 große T-Shirts
- 2 Schals
- 2 Hüte
- 2 Paar Handschuhe

Zwei Kinder stehen im Wasser, bereit für die Verkleidungsshow. Die Kleidungsstücke liegen am Beckenrand. Nun geht es los! Nach und nach werden den Kindern im Wasser die Kleidungstücke zugeworfen. Es gehört viel Geschicklichkeit dazu, sich im Wasser anzuziehen. Wem wird es zuerst gelingen?

Wasserlöwen

- Ball

Die Kinder bilden im Wasser einen Kreis. Zwei „Wasserlöwen“ befinden sich in der Mitte. Die Kinder werfen sich den Ball gegenseitig zu. Die Wasserlöwen versuchen ihn zu fangen. Gelingt dies, muß das Kind, das den Ball zuletzt geworfen hat, als neuer „Wasserlöwe“ in die Mitte.

Gefängnis-ausbruch

Die Kinder fassen sich an den Händen und bilden einen Kreis: das Gefängnis. Ein Kind befindet sich innerhalb des Kreises und versucht auszubrechen. Gelingt es ihm, so muß der Spieler rechts von der Ausbruchsstelle in den Kreis.

Schwarze Wasserratte

- schwarzes Kopftuch

Ein Kind ist die schwarze Wasserratte. Sein Erkennungszeichen ist ein schwarzes Kopftuch, das es in die Badehose oder in den Badeanzug steckt. Nun müssen die anderen Kinder ihre Schwimmkünste beweisen und versuchen, ihm das Tuch abzujagen. Wer es geschafft hat, ist die neue schwarze Wasserratte.
Wenn jedes Kind ein schwarzes Tuch in die Hose oder den Anzug steckt, kommt es darauf an, den anderen so viele Tücher wie möglich abzujagen.

Verabschiedung

<u>Wassertanz und sanfte Wellen</u>

Zum Ausklang geben sich noch einmal alle die Hand und bilden einen großen Kreis. So schnell es geht, bewegt sich der Kreis nun linksherum. Auf ein Kommando wird gestoppt und die Richtung geändert. Beim nächsten Kommando lassen sich alle los und legen sich aufs Wasser. Wie unglaublich sanft werden die Wellen nun, wenn sich die Wasserratten sacht treiben lassen!

Damit ist das Fest zu Ende, und die wilden Wasserratten sind hoffentlich in sanfter Stimmung – bereit, sich in kuschelige Badetücher zu hüllen.

Im Schneeland

Kinder, die im Winter Geburtstag haben, wünschen sich oft nichts sehnlicher, als daß es an ihrem Ehrentag schneien möge. Auch mitten im Sommer wären Schneeflocken wunderbar. Nichts leichter als das: Und wenn sich die Jahreszeiten auf den Kopf stellen, wir feiern ein Schneefest, ganz egal, wie das Wetter draußen vor der Tür auch aussieht. Die weiße Pracht zeigt sich drinnen im Zimmer. Sie ist nicht kalt und nicht naß und trotzdem schön.

Einladung

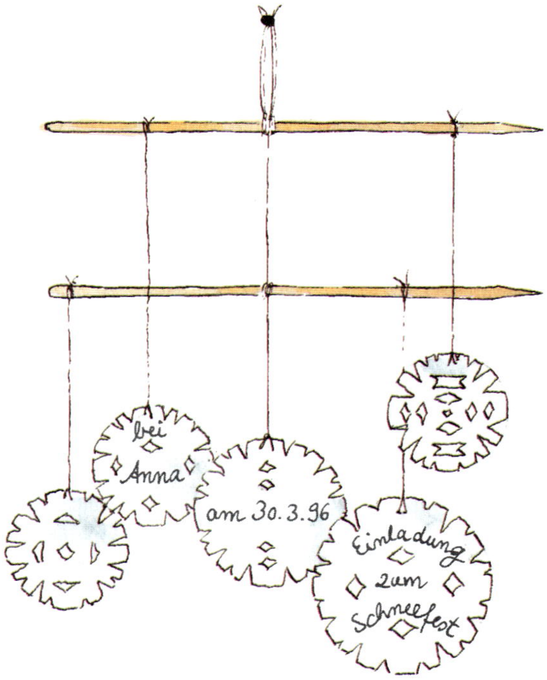

Schneemobile

- weißes festes Papier
- weißer Zwirn
- Schaschlikstäbchen
- Klebestreifen

Aus weißem Papier werden entweder Schneekristalle oder einfach Schneebälle unterschiedlicher Größe ausgeschnitten. Oben werden die Teile mit einer Nadel durchbohrt. Weiße Zwirnsfäden unterschiedlicher Länge stellen die Verbindung zwischen den Teilen und den Stäbchen her. Man nimmt am besten zwei oder drei Stäbchen, an denen die Teile hängen. Diese Stäbchen wiederum sind miteinander durch Fäden verbunden. Die Fäden werden so lange verschoben, bis die Stäbchen gerade hängen.
Die Teile werden beschriftet.
Das Mobile vorsichtig in einen Briefumschlag geben. Wenn der Faden zum Aufhängen nicht mit in den Umschlag kommt, sondern außen mit einem Klebestreifen festgeklebt wird, kann das Mobile ohne Schaden zu nehmen, vom Empfänger ausgepackt werden.

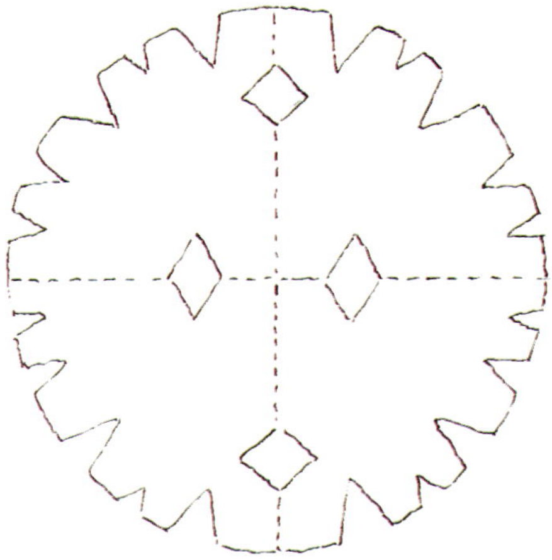

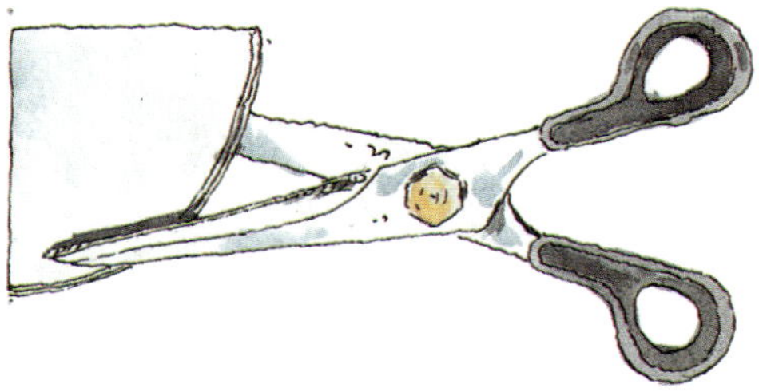

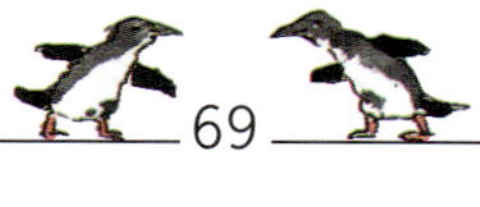

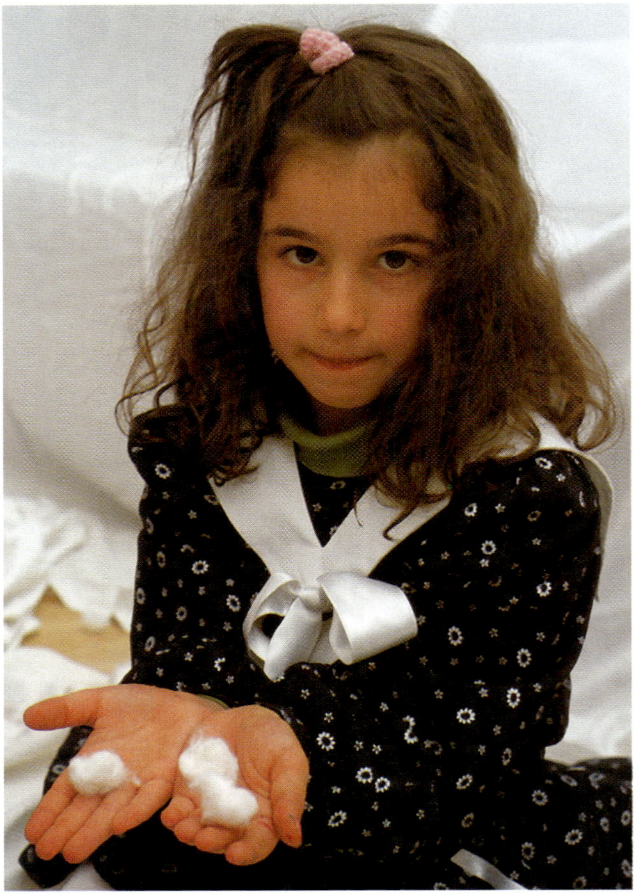

Essen und Trinken

Schneeschmelze

- große Äpfel
- gehackte Mandeln
- Orangenmarmelade
- Vanillezucker
- süße Sahne
- Butter
- Vanillesoße

Die Äpfel waschen und mit einem Apfelausstecher (oder Messer) aushöhlen. Pro Apfel einen Teelöffel Marmelade, 25 Gramm gehackte Mandeln und einen Eßlöffel Sahne für die Füllung zusammenmischen. Bevor die Äpfel gefüllt werden, die Schale mehrmals einritzen – damit sie schön aufplatzt!
Eine feuerfeste Form mit Butter einstreichen und die Äpfel hineinsetzen. Obenauf kommt ein Klecks Butter. Im vorgeheizten Ofen bei 180 Grad (Umluft 150 Grad, Gas Stufe 3) 40–50 Minuten backen.
Die restliche Sahne mit dem Vanillezucker mischen und 10 Minuten vor dem Ende der Garzeit in die Form gießen. Den noch warmen Apfel mit der Vanillesoße übergießen.

Dekoration

Das Schneeland

- weiße und blaue Tücher
- weiße Tischdecken
- Tisch
- Sitzgelegenheiten
- weißes Papier

Das Zimmer wird bis auf den Tisch und die Sitzgelegenheiten ausgeräumt. Die Wände werden mit weißen und blauen Tüchern verkleidet. Aus weißem Papier können Schneekristalle ausgeschnitten und auf den blauen Tüchern befestigt werden. Der Tisch ist mit einem weißen Tuch bedeckt. Die Sitze (am besten wären Hocker oder Sitzkissen) können entweder auch weiß überdeckt oder grellbunt sein. Auf dem Tisch liegen die Materialien für die Spiele.

Schneeshakes
- Milch
- Lebensmittelfarben (grün, gelb, rot, blau)
- Bananen
- Erdbeeren
- Stachelbeeren oder Kiwis
- Trauben, blau

Die Milchshakes werden aus Bananen, Erdbeeren, Stachelbeeren oder blauen Trauben zubereitet und mit einer kleinen Menge der passenden Lebensmittelfarbe entweder gelb, rot, grün oder blau gefärbt.
Die Kinder können sich einen der Schneeshakes aussuchen. Um den richtigen zu bekommen, müssen sie einen der hier folgenden Vierzeiler auswählen und vortragen:

Bananengelb
Gelb soll meine Schneemilch sein.
Tu ganz viel Bananen rein.
Aber laß die Schalen raus.
Hier ist doch kein Affenhaus.

Erdbeerrot
Rot soll meine Schneemilch sein.
Tu ganz viele Erdbeern rein.
Hast du diese Frucht nicht gern,
nimm doch Kirschen ohne Kern.

Stachelbeergrün
Grün soll meine Schneemilch sein.
Tu Stachelbeer und Kiwi rein.
Doch vermisch's nicht mit Spinat,
weil ich den überhaupt nicht mag.

Traubenblau
Blau soll meine Schneemilch sein.
Tu ganz viele Trauben rein.
Aber bitte ohne Kerne,
denn die hab ich gar nicht gerne.

Schneebälle
- Kokosflocken
- Mäusespeck
- weiße Schokoküsse

Alles wird auf einem großen Teller bunt gemischt serviert.

Steine im Schnee
- heiße Pellkartoffeln
- Quark

Schneeburger (Zutaten für ca. 12 Waffeln)
- 150 Gramm Butter
- 150 Gramm Zucker
- 3 Eier
- 1 Teelöffel Zimt
- 1 Eßlöffel Milch
- 150 Gramm Mehl
- ½ Teelöffel Backpulver
- Öl
- Puderzucker
- Vanilleeis
- Sahne

Butter, Zucker, Eier, Zimt und Milch gut verrühren. Mehl und Backpulver mischen und unter den Teig geben. Das Waffeleisen erhitzen, mit Öl bestreichen, zwei Eßlöffel Teig hineingeben, das Eisen schließen und die Waffeln ca. 2 Minuten backen. Auf ein Kuchengitter legen, erkalten lassen und mit Puderzucker bestreuen. Dazu wird Vanilleeis mit Sahne serviert.

Spiele, Spiele, Spiele

Schneeflockenbluff

- pro Mitspieler drei Wattebäusche

Die Kinder sitzen um den Tisch. Jeder Spieler erhält drei „Schneeflocken“. Unter dem Tisch nimmt jeder Spieler eine, zwei oder drei „Schneeflocken“ in eine Hand. Diese wird geschlossen und auf den Tisch gelegt. Jeder Spieler schätzt jetzt, wieviel „Schneeflocken“ wohl insgesamt in den Fäusten sind. Alle öffnen ihre Hände, und es wird gezählt. Gewonnen hat, wer genau getippt hat oder der Summe am nächsten gekommen ist.

Tiefschneelauf

- weißer Karton
- ein Meter Bindfaden, Kordel
- Schal
- Mütze
- Handschuhe
- Schneebälle (siehe Essen und Trinken)
- Stoppuhr
- Papier und Bleistift

Aus weißem Karton werden Schneeschuhe ausgeschnitten, an deren Seiten Kordeln durch Löcher gezogen werden.
Alle sind in einer Berghütte hoch oben auf der Alm eingeschneit. Für das nahe Weihnachtsfest müssen Besorgungen im Tal gemacht werden. Nur mit Schneeschuhen ist der Weg zu bewältigen, aber es gibt nur ein Paar Schneeschuhe auf der Hütte. Es wird beschlossen, daß derjenige den Weg durch den Schnee antreten soll, der am schnellsten mit den Schneeschuhen laufen kann. Um das herauszufinden, wird ein Wettbewerb veranstaltet.
Die Kinder stellen sich hintereinander auf. Das erste zieht sich die Kleidungsstücke an und schnürt sich die Schneeschuhe an die Füße. So ausgestattet läuft es bis zum anderen Ende des Raumes, wo ein Schneeball darauf wartet, verspeist zu werden. Hat das Kind dies bewältigt, läuft es zurück zu den anderen und übergibt dem nächsten die Kleidungsstücke. Die Zeit eines jeden Durchgangs wird gestoppt und notiert. Der Sieger darf eine Ehrenrunde zu den Schneebällen laufen und in Ruhe einen zweiten verspeisen.

Eisschollen

- 24 DIN-A4-Blätter
- großer Schaumstoffwürfel

Auf sechs der Blätter wird folgendes gemalt:
eine Möhre
Du hast deiner Mutter eine Möhre zum Bau eines Schneemanns abgeschwatzt. Gehe zwei Felder vor.
drei Knöpfe
Du hast drei Knöpfe für den Schneemann gefunden. Gehe drei Felder vor.
Besen
Für den Besen des Schneemanns hast du keinen Ast vom Baum gerissen, sondern einen gesucht, der auf dem Boden lag. Würfle noch einmal.
Tropfnase
Dir tropft die Nase bei der Kälte. Schneuze einmal kräftig und setze eine Runde aus.
Zackenlinie
Diese Eisscholle ist zerbrochen. Geh schnell zwei Felder zurück.
Krone
Du hast den Schneekönig gesehen. Du darfst auf das Feld vor dem führenden Kind rücken.

Die Blätter – unsere Eisschollen – werden in einer gebogenen Linie mit etwas Abstand zueinander von einer Wand zur anderen gelegt. Die Kinder würfeln reihum und laufen vom Start zum Ziel. Betreten sie eine Eisscholle mit Zeichnung, führen sie die angegebene Aufgabe aus. Wer im Ziel ist, hat sich ein Eistönnchen (Mäusespeck) verdient.

Wer sitzt unter dem Schneehügel?

- zwei weiße Bettlaken

Alle Mitspieler stehen im Kreis, und ein Kind verläßt das Zimmer. Nun wird ein Kind bestimmt, das sich hinhockt und mit einem Laken zugedeckt wird. Die anderen Kinder verbergen sich hinter dem zweiten Laken. Das wartende Kind wird hereingerufen und soll nun durch Ertasten erraten, wer unter dem Schneehügel verborgen ist.
Falls das Kind es nicht errät, enthüllen sich die Kinder unter dem zweiten Laken. Nun ist es nicht mehr allzu schwierig...

Der lebendige Schneemann

- weißer Kittel
- Hut
- Schal
- Besen
- Papiernase

Wie läuft eigentlich ein Schneemann? Watschelt er wie eine Ente, oder schlurft er über den Schnee, oder kugelt er sich herum? Die Kinder probieren es einfach aus. Und sehr wichtig und nicht vergessen: Ein Schneemann wird nur lebendig, wenn man ihm ein Zauberwort zuflüstert (natürlich ein Wort mit „Schnee").
Jetzt geht es los! Ein Kind steht ganz steif da. Die anderen ziehen ihm in Windeseile Kittel, Hut, Nase und Schal an und geben ihm den Besen in die Hand: Ein Schneemann ist entstanden. Nun flüstert ihm ein Kind das Zauberwort ins Ohr. Der Schneemann ist entzaubert und bewegt sich auf seine eigene Art einmal im Kreis durch den Raum, von den anderen Kindern umtanzt. Das Kind, das ihm das Zauberwort ins Ohr geflüstert hat, stellt sich in einer Raumecke steif hin. Kommt der Schneemann bei ihm an, helfen alle Kinder, den alten Schneemann von seinen Sachen zu befreien und den neuen „aufzubauen". Das Spiel wird fortgesetzt, bis alle einmal Schneemann waren.
Der Zauber hält nur eine Nacht, weil ja die Sonne die weiße Pracht am nächsten Morgen schmelzen läßt. Sobald alle Kinder einmal Schneemann waren, bilden sie zusammen die Sonne: Ein Kind kugelt sich ein, die anderen legen sich als Sonnenstrahlen drum herum.

Flockentanz

- Rekorder
- Kassette

Der Recorder steht auf dem Tisch, und eine Kassette wird eingelegt. Am besten für den Flockentanz eignet sich die Melodie „Es schneit" aus den „Winterkindern" von Detlev Jöcker (Menschenkinder Verlag, Münster). Wenn die Musik erklingt, tanzen alle Kinder durch den Raum. Beim Stoppen der Musik erstarren sie, und jeder bleibt in seiner Position stehen. Die anmutigsten Schneeflocken werden beklatscht. Beim erneuten Start der Musik tauen alle wieder auf, und weiter geht's.

Schneewattepusten

- Watteball
- DIN-A4-Blatt
- Zeitung
- Papier und Stift

Für dieses Spiel wird eine freie Strecke von etwa 3 Metern benötigt. Am einen Ende liegt das DIN-A4-Blatt, am anderen die Zeitung. Auf diese kniet sich der Spieler und versucht, mit möglichst wenigen Pustern das vor ihm liegende Watteballchen auf das Papier am anderen Ende zu pusten. Die Puster werden gezählt und notiert. Sieger ist, wer das Watteballchen mit den wenigsten Pustern ins Ziel gebracht hat. Es können auch zwei Spieler gegeneinander antreten.

Eisschnellauf

- zwei Eiswürfel

Die Kinder bilden zwei Gruppen. Jede Gruppe bekommt zwei möglichst gleich große Eiswürfel. Danach wird gestartet. Ein Kind läuft mit dem Eiswürfel in der Hand zu einem bestimmten Punkt im Zimmer (Tür, Schrank ...), schlägt an und saust so schnell wie möglich zurück zur Gruppe, um dort den Eiswürfel dem nächsten Kind zu übergeben. Wie viele Kinder schaffen den Schnellauf, bevor der Eiswürfel geschmolzen ist? Die Gruppe, bei denen die meisten Läufer die Strecke bewältigt haben, hat gewonnen. Um das Ganze zu erschweren, können natürlich noch leichte Hindernisse in die Rennstrecke eingebaut werden.

Eisige Runde

- zwei Eiswürfel
- Handtuch

Die Mitspieler sitzen im Kreis, und die Eiswürfel wandern von Hand zu Hand. Dabei darf kein Wort gesprochen werden. Wer etwas sagt, kichert oder andere Geräusche macht, muß ein Pfand geben. Gar nicht so einfach, bei dem eisigen und glitschigen Würfel in der Hand stumm zu bleiben. Wenn sich die Eiswürfel aufgelöst haben, ist das Spiel zu Ende.
Danach können die Pfänder durch das Beantworten von „Schneescherzfragen" wieder eingelöst werden.

Schneescherzfragen

Welchen Schnee kann man selbst herstellen?
(Eischnee)

Mit welchem Besen kann man nicht kehren?
(Schneebesen)

Welcher Mann hat vor der Sonne Angst?
(Schneemann)

Welche Ketten trägt man nicht um den Hals?
(Schneeketten)

Gibt es Glocken, die man sehen, aber nicht hören kann?
(Schneeglöckchen)

Wer bringt Kälte, Wind und Eis?
(Schneesturm)

Mit welchem Ball kann man nur im Winter spielen?
(Schneeball)

Sein Bruder kommt zu Ostern, er aber ist weiß wie Schnee.
(Schneehase)

Wer flüchtet im Märchen vor der Stiefmutter zu den sieben Zwergen?
(Schneewittchen)

Mit welchem Pflug wird kein Feld gepflügt?
(Schneepflug)

Verabschiedung

<u>Eine Schneehütte</u>

- Pappteller
- 2 Eiweiß
- 500 Gramm Puderzucker
- Butterkekse
- Würfelpralinen
- Weingummitiere
- Küchenmesser
- Sieb

Die kleinen Schneehütten sind ein schönes Abschiedsgeschenk und ein Andenken an die winterliche Feier. Es besteht die Möglichkeit, die Hütten vorzubereiten und die Verzierung zum Abschluß des Festes mit den Gästen gemeinsam zu gestalten.
Für die Zuckerglasur das Eiweiß mit 400 Gramm Puderzucker steif schlagen. Pro Haus einen Pappteller bereitstellen und einen Butterkeks darauf legen. Die Butterkekse in der Mitte mit Zuckerglasur bestreichen und die Praline darauf setzen. Zwei weitere Kekse werden als Dach über die Praline gesetzt und mit Zuckerglasur befestigt. Weingummitiere, mit Zuckerglasur angeklebt, verzieren das Dach. Zum Schluß werden die Schneehäuser mit dem restlichen gesiebten Puderzucker bestreut.

Megagirl und Superboy

Zu diesem Fest versammeln sich: Turnerinnen und Turner vom Verein „Stramme Wade", Aerobicfreaks, Kraftgirls und Sprintboys. Natürlich kommen alle im entsprechend sportlichen Outfit.
Ort der Veranstaltung ist ein großer Raum, eine Turnhalle oder ein Festsaal. Viel Platz also für die kleinen Kraftprotze in Bewegung.

Einladung

Die Sportskanonen

- weißer Zeichenkarton
- Schere
- Transparentpapier
- Stifte

Den weißen Zeichenkarton auf doppelte Postkartengröße zuschneiden. Auf die untere Hälfte der hochkant gelegten Karten werden die Muskelprotze gezeichnet, und zwar so, daß deren Hälse und Köpfe über die gedachte Mittellinie des Kartons hinausgehen. Diese Hälse und Köpfe werden vorsichtig ausgeschnitten. Wenn man die Karte nun in der Mitte umklappt, ragen die Köpfe aus der Karte heraus.
Auf der Rückseite der Einladungskarte werden Beginn und Ende des Festes, Ort und die gewünschte Kleidung vermerkt. Diese besteht aus Turn- und Trainingszeug, Jogginganzug und ähnlichem.

So überträgt man die Drei auf die Karten:
Transparentpapier über die Zeichnung legen und diese mit einem Rotstift nachziehen. Dann die Rückseite des Transparentpapiers mit einem weichen Bleistift schwärzen. Transparentpapier auf eine Karte legen. Die roten Linien erneut mit einem harten Stift nachziehen. So drückt sich die Zeichnung auf die Karte durch.

Dekoration

Das Fitneßstudio

- Tisch
- Matten
- Kästen (in der Turnhalle)
- mit Tüchern verhängter Tisch
- Decken

In einer Ecke können auf einem Tisch die zum Spielen benötigten Gegenstände aufgebaut werden. Dann bekommt das „Fitneßstudio“ noch eine Ruhezone mit weichen Matten und Kästen. Falls diese nicht zur Verfügung stehen, genügt auch ein mit Tüchern verhängter Tisch als Abgrenzung, hinter dem der Boden mit Decken weich ausgelegt ist.

Essen und Trinken

Das Powermenü

- Müsli, dazu Milch pur oder Bananenmilch, Erdbeermilch
- Obstsalat mit geraspelten Nüssen
- Möhrentorte

Kraftsaft

- Obstsäfte, mit Mineralwasser gemischt

Spiele, Spiele, Spiele

Der Super-Mega-Begrüßungsvers

Jedes Kind wird mit dem speziellen Super-Mega-Vers begrüßt. Er kann von Mutter/Vater oder dem Geburtstagskind gesprochen werden. Die letzte Zeile nennt den Namen des jeweiligen Kindes. Wenn die Kraftprotze nacheinander eintreffen, helfen die bereits anwesenden Kinder lautstark mit. Hier der Vers:

„Superboy und Megagirl
megastark und superschnell
Supergirl und Megaboy
auch (die Anne) ist dabei.“

Klebstoff

- Seile

Seile markieren drei Wände eines „Raums“. Die Sportskanonen laufen durcheinander und versuchen dabei, sich aus dem Weg zu gehen. Berühren sich zwei Kinder dennoch, bleiben sie aneinander kleben. Die Person, die das Spiel leitet, ist die „bewegliche“ vierte Wand des Raums. Mit ausgestreckten Armen bewegt sie sich langsam vorwärts und verkleinert so den Raum. Das Spiel ist zu Ende, wenn alle zu einem dicken Klumpen verklebt sind.

Kobold

- Seil

Wieder laufen alle im Raum umher, der mit einem Seil abgegrenzt wurde. Ein Kobold jagt den anderen nach und versucht, sie möglichst am Bein oder Fuß zu berühren. Das so berührte Kind muß, mit der Hand auf der berührten Stelle, weiterlaufen – wie ein besonders sportlicher Kobold eben.

Tauziehen

- Tesakrepp
- Seil

Zwei etwa 50 cm lange Streifen Tesakrepp werden im Abstand von 3 m einander gegenüber auf den Boden geklebt. Ein Tau oder längeres Seil liegt quer zu den Markierungen auf dem Boden. In der Mitte zwischen den beiden Markierungen wird um das Tau ein rotes Band gebunden. Nun stellen sich die Gruppen zu beiden Seiten des Taus so hintereinander auf, daß das erste Kind mit seinen Füßen jeweils an der Markierung steht. Auf das Startzeichen hin nehmen die Sportler ihr Tauende auf und ziehen nach Leibeskräften. Wenn das rote Band über einer Markierung baumelt, hat die Mannschaft gewonnen, die an dieser Marke gestartet ist.

Storchenlauf

- Dosen oder Plastikflaschen
- kleine Preise/Siegerurkunden

Im Abstand von zwei Kinderfüßen wird eine Reihe Dosen oder Plastikflaschen aufgestellt. Es wird einzeln gestartet. Jedes Kind hüpft auf einem Bein bis zur letzten Dose und zurück, und zwar einmal links um die Dose herum und dann rechts um die Dose usw. Wer das schafft, ohne eine Dose umzuwerfen, bekommt einen kleinen Preis oder eine Siegerurkunde. Wer die schwierige Strecke gleich beim ersten Mal nicht schafft, darf es ruhig noch einmal versuchen.

Rückwärtsgang

- Dosen oder Plastikflaschen
- Stoppuhr
- Handspiegel
- Papier und Stift

Nachdem die Superkids unter Beweis gestellt haben, daß sie den Vorwärtsgang beherrschen, ist nun der Rückwärtsgang an der Reihe.
Mit dem Spiegel in der Hand wird die Strecke um die Dosen rückwärts bewältigt. Achtung, fertig, los! Die Zeit läuft, wer braucht wie lange?

Orchester

- Heulrohre

Heulrohre gibt es in Spielzeugläden; sie sind nicht allzu teuer und können von den Kindern vielleicht als Andenken mit nach Hause genommen werden.
Keine Frage, daß Superboys und Megagirls auch musikalisch sind! Jedes Kind bekommt ein Heulrohr und beginnt sich einzuspielen. Sie werden schnell herausfinden, daß die Heulrohre je nach „Drehgeschwindigkeit" unterschiedliche Töne von sich geben.
Wenn alle wissen, wie hohe und tiefe, laute und leise Töne zu produzieren sind, ist alles klar zur ersten Orchesterprobe.
Der Dirigent zeigt nun an, was gespielt werden soll:
in die Hocke gehen = tiefer Ton
auf Zehenspitzen = hoher Ton
Finger auf den Lippen = leise
Finger auf den Ohren = laut
Die Dirigentenrolle darf ruhig einige Male gewechselt werden.

Powerschau

- Matten

Jetzt ist die Zeit gekommen, daß Megagirl und Superboy sich dem „Volk“ zeigen wollen. Eine Bühne aus Matten oder dem Oberteil eines Kastens wird aufgebaut. Die starken Kerle und die jungen Amazonen setzen sich im Halbkreis davor. Jeweils eine(r) von ihnen zeigt nun, was sie oder er zu bieten hat: die Powerschau.

Kleine Kunststücke und Kraftakte werden vorgeführt. Es reicht aber auch, wenn Muskeln spielen, imposante Posen eingenommen werden oder einfach nur geprahlt wird.

Sollte eines der Kinder eine sportliche Übung (Kopfstand, durch einen Reifen springen oder ähnliches) vorführen wollen, dann werden Matten vor die Bühne gelegt, und eine Hilfestellung steht bereit.
Jeder einzelne Akt wird natürlich gebührend beklatscht; vielleicht wird sogar eine Zugabe gefordert?

Gripsgymnastik

Nach so viel Körpermuskelspiel ist nun Kopftraining angesagt.

Hier liegen zehn nagelneue Turnmatten für elf Superkids. Jeder soll auf einer liegen. Weißt du wie?
Lösung:

Hier stehen sechs Fitneßflaschen, abwechselnd eine volle und eine leere. Schaffst du es, drei volle und drei leere direkt nebeneinander zu stellen, wenn nur eine einzige berührt werden darf?
Lösung: Den Inhalt von Flasche 5 in Flasche 2 umgießen.

Quizfragen

- viele Traubenzuckerbonbons

Die Quizfragen werden vorgelesen. Wer die Antwort weiß, sagt sie laut in die Runde. Für jede richtige Antwort gibt es ein Bonbon.

1. Wie viele Spieler hat eine Fußballmannschaft?
   (11 Spieler)

2. Finden die Olympischen Spiele alle vier oder alle sechs Jahre statt?
   (Alle vier Jahre)

3. Was ist ein Diskus?
   a) Ein Kuß für den Sieger?
   b) Ein Wurfgerät?
   (Lösung b)

4. Bei welchen Sportarten wird ein Ball benötigt?
   (Basketball, Fußball, Wasserball, Tennis ...)

5. Wie heißt die Sportart, die durch ein K.o. beendet wird?
   (Boxen)

6. Zähle drei Schwimmabzeichen auf!
   (Seepferdchen, Jugendschwimmer, Deutscher Schwimmpaß)

7. Ist Kraulen ein Wettbewerb des Schnellbürstens bei Pferden oder ein Schwimmstil?
   (Ein Schwimmstil)

Ketten sprengen

- einige Rollen Toilettenpapier

Zwei Paare, die im Wettkampf gegeneinander antreten wollen, stellen sich in die Mitte. Es geht darum, daß Superboy Megagirl (oder umgekehrt) möglichst schnell von Fuß bis Kopf umwickelt. Das Papier darf dabei nicht abreißen, sonst muß der Wickler noch einmal von vorn anfangen.
Gewonnen hat, wer seinen Partner zuerst eingewickelt hat. Der oder die Eingewickelte kann nun die Muskeln spielen lassen und die „Ketten sprengen".

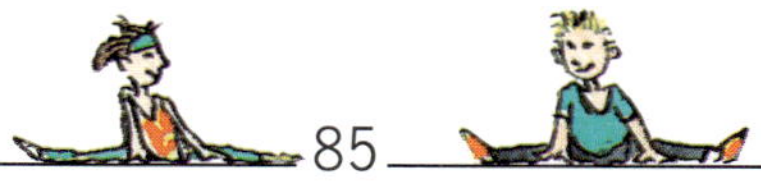

Ohne-Worte-Show

- Zettel, auf denen Sportarten stehen
- Kasten, in den die Zettel abgelegt werden

Die Kids sitzen auf den Matten im Kreis. Jeder zieht einen Zettel aus dem Kasten. Die auf dem Zettel vermerkte Sportart muß nun pantomimisch dargestellt werden. Wurde sie erraten, ist der nächste an der Reihe. Wie wäre es mit einem zweiten Durchgang?

Schwebeparcours

- Hindernisse wie Kasten, Bänke usw.

Die durchtrainierten Kraftprotze begeben sich an den Start. Der Parcours besteht aus vielen Hindernissen, auf denen entlanggeklettert wird. Aber aufgepaßt: Der Boden darf nicht berührt werden! Während das erste Kind den Parcours „durchläuft“, sollten es die anderen kräftig anfeuern. Jedes Kind macht einen Probelauf. Beim zweiten Durchlauf kann die Zeit mit der Stoppuhr gemessen werden.
Haben die kleinen Sportler Sicherheit bei der Benutzung der Geräte gefunden, können sie auch eine eigene Strecke anlegen. Dabei kann ein Erwachsener zur Hand gehen, aber auch eingreifen, wenn es gefährlich werden sollte.

Kampf der Ballons

- zwei verschiedenfarbige Luftballons
- Eimer
- zwei Holzlöffel

Zwei Spieler kämpfen gegeneinander. Aufgabe ist es, mit Hilfe der Holzlöffel die Luftballons in den Eimer zu befördern. Der Eimer wird in einiger Entfernung zur Startlinie aufgestellt. Wer die Aufgabe als erster bewältigt, ist superschnell und hat gewonnen.

Tanzsport

- Luftballons
- Musik

Nachdem alle eine Partnerin oder einen Partner gefunden haben, versuchen die Paare, den Luftballon zwischen unterschiedlichen Körperteilen (wie Kopf, Bauch, Rücken, Arme, Seite) zu halten und sich auf diese Weise fortzubewegen. Dann stellt sich das Paar so, daß der Ballon mit den Bäuchen gehalten wird. Nun drehen sich beide behutsam, so daß der Ballon nicht herunterfällt, und einmal mit der Seite, dem Rücken, der Seite und wieder dem Bauch berührt wird.
Diese Übung für besonders geschickte Kraftprotze wird noch einmal, diesmal aber mit Musik, durchgeführt. Wieder bilden sich Pärchen, um die soeben eingeübten „Tanzschritte" nun zum Rhythmus der Musik zu zeigen.
Mit diesem Tanz klingt das Fest aus, die Megagirls und Superboys werden verabschiedet.

Verabschiedung

Ein Abschlußlied

Nach dem gemeinsamen Abbau des Schwebeparcours wird zum Abschluß noch ein Lied gesungen. Wie wäre es mit „Alle Leut', alle Leut' gehn jetzt nach Haus"?
Der Text des Liedes kann hierfür leicht verändert werden. Anstelle von „Große Leut', kleine Leut', dicke Leut', dünne Leut'", heißt es nun:
„Megagirls, Superboys, Supergirls, Megaboys ...
gehn jetzt nach Haus."

Auf dem Rücken unserer Pferde

Geladen sind Pferdenärrinnen und -narren zu einem Grillfest auf dem Reiterhof. Für Spiel, Spaß und Spannung ist gesorgt, wenn neben Pferden auch Platz zum Spielen, Toben und nicht zuletzt zum Grillen ist. Doch auch wenn der Besuch eines Reiterhofes nicht möglich oder einfach zu kostspielig ist, unser Reiterfest lassen wir uns nicht nehmen. Dann schlüpfen wir eben selbst in die Rolle von Pferden und natürlich Reiterinnen und Reitern.
Mehr als zwölf Kinder (mit etwa drei erwachsenen Begleitpersonen) sollten es für dieses Fest nicht sein.

Einladung

Pferd

- gelber Fotokarton
- Pauspapier
- Musterklammer
- 4 Trinkhalme
- Wollfäden 6–8 cm lang
- farbiges Papier 9 x 9 cm
- Cellophantüte
- Geschenkband

Aus dem Fotokarton einen Kreis mit 10 cm Durchmesser ausschneiden und in der Mitte falten.
Die Faltung an einer Seite ca. 4 cm aufschneiden.
Den Pferdekopf abpausen, auf den Fotokarton übertragen und ausschneiden.
Den Kopf in den Schlitz schieben und mit der Musterklammer beweglich am Körper befestigen.
Vier bis zehn Wollfäden als Schwanz in die Faltung kleben. Die Trinkhalme auf 6 cm kürzen und je ein Ende 3 cm lang so einschneiden, daß man sie in den Bauch einklemmen und festkleben kann.
Das farbige Papier falten und in der zweiten Faltung einschneiden. Das ist die Pferdedecke. Außen steht „Einladung" und innen der Einladungstext.
In eine Cellophantüte gestellt, zugebunden und mit der Anschrift des Empfängers versehen, kann die Einladung überreicht werden.

Dekoration

Für die Grillparty auf dem Reiterhof braucht es keine besondere Dekoration, da die Umgebung genug Anregungen bietet.
Folgende Dinge sollten jedoch vorhanden sein:

- Rost
- Grillzange
- Grillkohle
- Zeitungen oder Grillanzünder
- Tiefkühlbox für das Grillgut
- Teller
- Servietten
- Bestecke
- Trinkbecher
- Sonnenschirm

Essen und Trinken

Heiße Würstchen

- Würstchen
- Senf
- Ketchup
- Brot

Bunte Gemüsespieße

- Champignons
- Zwiebeln
- Zucchinis
- rote und gelbe Paprika
- Salz, Pfeffer, Öl
- Spieße, Pinsel

Zucchinis und Zwiebeln in Scheiben, Paprika in breite Streifen schneiden. Die Champignons ganz lassen. Die Gemüsesorten getrennt in Schüsseln geben. Jedes Kind kann sich dann seinen eigenen Spieß zusammenstellen. Während des Grillens sollte der Gemüsespieß öfter mit Öl bestrichen werden. Nach dem Grillen mit Salz und Pfeffer würzen.

Bunte Früchtespieße

- Bananenscheiben
- Pfirsiche aus der Dose, in Stücke geschnitten
- Mandarinenscheiben aus der Dose
- Apfelsinenscheiben, in Stücke geschnitten
- Holzspieße
- Kirschsaft, Zucker

Auch hier darf sich jedes Kind seine ganz individuelle Zusammenstellung machen. Den Spieß mit Kirschsaft beträufeln und in Zucker wenden. So lange grillen, bis der Zucker braun wird.

Schorle

- Obstsäfte
- Mineralwasser

Spiele, Spiele, Spiele

Das Gelände erkunden

Bestimmt brennen alle darauf, die nähere Umgebung zu erkunden. Die Neugier sollte nach der Begrüßung nicht länger gebremst werden! Die Kinder können kreuz und quer durch das Gelände laufen und es erkunden, aber es müssen örtliche und zeitliche Grenzen gesetzt werden. Wird auf einem Reiterhof gefeiert, ist bestimmt eine Führung über den Hof möglich. Vielleicht sogar eine Reitstunde?

Reiterrallye

- Aufgabenkarten, pro Gruppe ca. 10 Fragen
- Papier und Stifte

Nachdem sich die versammelte Reiterschar in Gruppen zu zweit oder dritt zusammengefunden hat, kann die Reiterrallye beginnen.
An die Gruppen werden Aufgabenkarten verteilt, die bis zu zehn Fragen enthalten.
Zum Beispiel:

Wie viele Pferde stehen im Stall?
Was ist ein Steigbügel?
Wo ist der Spielplatz mit welchen Geräten?
Wie viele Bäume stehen auf der Wiese?
Wie heißen die „Schuhe“ des Pferdes?
Wie nennt man den Schwanz des Pferdes?
Wie ist der Name des Pferdepflegers/pflegerin?

Jede Gruppe, die wieder am Ausgangspunkt eintrifft, bekommt zur Belohnung einen „Pferdekuß“ (Schokokuß).

„Hü und Hott“

Alle Reiter und Reiterinnen bilden einen Kreis. Ein Kind aus der Runde läuft außen um den Kreis herum. Dabei tippt es ein anderes Kind an und ruft dabei entweder „Hü“ oder „Hott“. Bei „Hü“ muß das angetippte Kind schnell hinter dem ersten herlaufen und es abschlagen. Bei „Hott“ dagen muß es in die entgegengesetzte Richtung laufen und möglichst vor dem ersten Kind seinen alten Platz wieder einnehmen. Wer übrigbleibt, beginnt von vorn.

Heuhaufen

Alle Kinder fassen sich an den Händen. Nun darf ein Kind seine Stellung verändern, indem es über Hände klettert oder darunter durchtaucht. Dann ist das nächste an der Reihe. So entsteht ein wirklich wirrer Heuhaufen. Dieser muß sich dann langsam und vorsichtig wieder entwirren. Helfen Sie dabei, damit sich die Kinder nicht weh tun. Wenn der Heuhaufen zu schwierig zu entwirren ist, dürfen die Kinder ruhig mit den Händen auch einmal umgreifen.

Schreiende Jockeys

Nach einer solchen Leistung muß Entspannung her. Wie könnte die besser gelingen als durch lautes Rufen! Der Spielleiter nennt ein Wort, das wiederum mit unserem Thema zu tun hat, also etwa „Pferd" oder „Reiten" oder „Zügel". Die Kinder rufen Reimwörter zu diesem Wort. Wer eines gefunden hat, darf sich ausruhen und auf den Boden setzen. Die anderen spielen weiter, bis alle sitzen. Dann stehen alle wieder auf, und weiter geht's mit der nächsten Runde.

Schrubberpolo

- 4 Flaschen
- 4 Schrubber
- 1 Wasserball
- 2 rote, 2 grüne Bänder
- 1 Münze

Polo ist ein sehr altes Spiel, das bereits vor 2700 Jahren in Persien gespielt wurde. Auf dem Pferd sitzend, versuchen die Reiter einen Ball mit langen Schlägern ins gegnerische Tor zu treiben.
Mit den Flaschen werden auf einem nicht zu großen Spielfeld zwei Tore markiert. Es spielen je zwei Kinder in einer Mannschaft. Das rote bzw. grüne Stirnband markiert die Mannschaftszugehörigkeit. Ein Erwachsener sollte die Schiedsrichterrolle übernehmen. Der Ball darf nur mit den Schrubbern fortbewegt werden. Wer „foult" oder etwa die gegnerischen Spieler mit dem Schrubber trifft, muß kurz aussetzen oder bekommt die rote Karte!
Nach 10–15 Minuten werden die Mannschaften ausgetauscht.

Dressurreiten

- Parcours mit Hindernissen

Hier trainieren Dressurreiter mit ihren Pferden. Diese Pferde sind sehr pfiffig! Sie verstehen viele verschiedene Kommandos, wenn sie richtig gegeben werden. Der Parcours sollte mit einigen „Hindernissen“ ausgestattet werden. Jeweils zwei Kinder stellen sich hintereinander auf. Vorn das Pferd, dahinter der Reiter, und los geht's!

Das „Pferd“ läuft im Schrittempo geradeaus. Wird es an der rechten Schulter berührt, macht es eine Vierteldrehung nach rechts und geht dabei im Schritttempo weiter. Das Antippen der linken Schulter bedeutet: Vierteldrehung nach links und weiterlaufen. Werden beide Schultern berührt, stoppt das Pferd. Beim Antippen des Rückens läuft es wieder los. Hat der Reiter das Pferd einmal sicher durch den Parcours geführt, werden die Rollen getauscht.

Jockey, fang!

- Ball

Jockeys haben gute Augen und ein noch besseres Reaktionsvermögen. Das zeigt sich bei folgendem Spiel:

Alle stellen sich in einem großen Kreis im Abstand von etwa zwei Metern auf. Nun wird durchgezählt, indem das erste Kind die Zahl 1 nennt, das nächste die 2, das dritte wieder die 1, usw.

Jeweils ein Kind aus Gruppe 1 und 2 bekommt einen Ball. Jetzt werfen sich die Kinder beider Gruppen reihum den Ball zu. Aber aufgepaßt! Die richtige Reihenfolge muß eingehalten werden.

Wer dann noch beobachten kann, wann der Ball der Gruppe 1 den der Gruppe 2 überholt (oder umgekehrt), hat ein gutes „Jockey-Auge“ bewiesen!

Jockeywettrennen

- 2 große T-Shirts
- 2 Hüte
- 2 Paar Handschuhe
- 2 Halstücher
- Schnur

Es werden zwei Mannschaften gebildet. Mit der Schnur wird das Ende der Rennstrecke markiert. Am Start liegen für jede Mannschaft die Kleidungsstücke bereit. Auf das Startzeichen hin ziehen die Jockeys diese blitzschnell an, rennen bis zum Ende der Rennbahn und wieder zurück. Nun gibt es einen fliegenden Wechsel mit Jockey Nummer 2, der erst, wenn er angezogen ist, loslaufen darf. Gewonnen hat die Mannschaft, deren letzter Jockey als erster wieder am Start ist und alle Kleidungsstücke abgelegt hat.

Verabschiedung

Verleihung der Medaillen

- Bierdeckel mit Folie überzogen und mit Kreppapier verziert
- Folienschreiber

Zum Ausklang des Festes versammeln sich noch einmal alle und bilden einen Kreis. In der Mitte steht ein Karton mit den vorbereiteten Medaillen, auf denen auch die Namen der Kinder stehen. Diese können nun eingelöst werden. Dazu wird jeweils eine Medaille so aus dem Karton gezogen, daß der Name verdeckt bleibt.
Das gastgebende Kind nennt nun eine Aufgabe, wie zum Beispiel: hüpfen auf einem Bein, wiehern wie ein Pferd, ein Lied pfeifen. Dann wird der Name vorgelesen, und das betreffende Kind nimmt seine Medaille wiehernd, hüpfend oder pfeifend in Empfang.
Die Medaillen können aus Bierdeckeln gemacht werden. Man umwickelt sie mit Gold- oder Silberfolie und bemalt oder beklebt die Medaille mit einem Pferdekopf. Zusätzlich kann die Medaille auf eine Krepppapierrosette geklebt werden.

Mit Alice im Wunderland der Klänge

Die meisten Kinder kennen Alice im Wunderland. Sie ist die Leitfigur für dieses Fest, das sich besonders gut für etwas ältere Kinder eignet. Unter dem Motto „Musik und Bewegung“ lassen sich die Spiele einfach planen und durchführen. Die Kinder erleben neue Spielformen und können ihre eigenen Erinnerungen an die Geschichte und ihre Hauptfiguren mit einbringen.

Einladung

Wunderland

- grünes Tonpapier 25 x 14 cm
- lila Tonpapier 12 x 12 cm
- Pauspapier
- Glimmer
- Schere und Klebstoff
- Filzstifte

Das grüne Tonpapier nach der Vorlage falten. Die Baumform abpausen, auf das gefaltete grüne Tonpapier übertragen und ausschneiden.
Das lila Tonpapier in der Mitte falten, die Mädchenfigur abpausen, übertragen und ausschneiden.
Arme und Rock nach Vorlage falten und deren Enden in die Mitte der Baumreihe kleben.
Mit Klebstoff wird auf die Vorderseite „Einladung“ geschrieben und mit Glimmer bestreut. Auf der Rückseite ist Platz für den Einladungstext. Wer Lust hat, kann die Figur bemalen oder mit Glimmer verzieren.

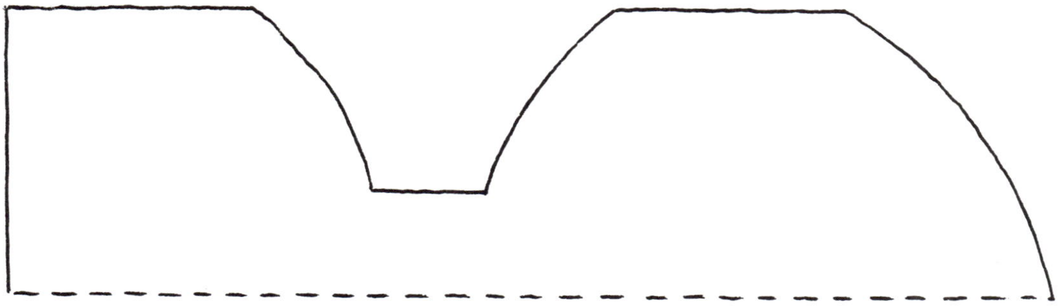

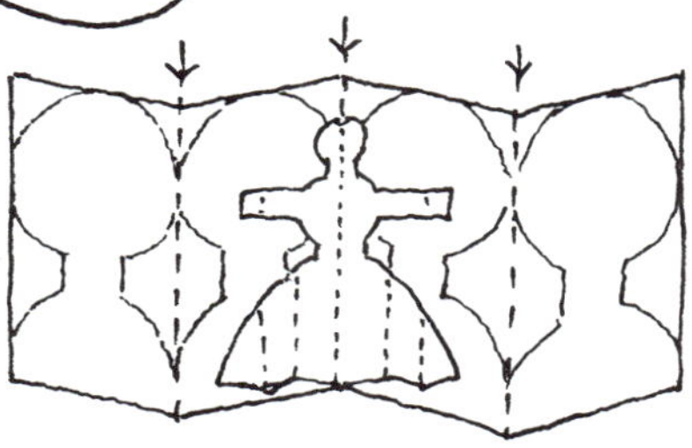

Dekoration

Das Wunderland

- Luftballons
- bunte Bänder (Kreppapier)
- Reißzwecken, Klebefilm, Stecknadeln
- Farbkarton DIN A3/DIN A4

Der Raum ist geschmückt mit Luftballons (auch den schlanken, die sich zu Figuren verknoten lassen) und geheimnisvollen Figuren, die aus zusammengebundenen Luftballons gebastelt werden. Quer durch den Raum werden hoch über den Köpfen der Kinder bunte Bänder gespannt. An diesen Bändern werden die Luftballons und ausgeschnittene Noten befestigt. Die Noten (ovaler Fuß, gerader, schlanker Körper und am Kopf ein „Fähnchen") werden aus Farbkarton (DIN A3 oder A4) ausgeschnitten.
An den Wänden stehen Tische mit Materialien für den Bau der Rasseln und der Instrumente. Diese Tische werden nach den Eingangsspielen in die Mitte des Raumes gestellt und Stühle um sie herum gruppiert.

Essen und Trinken

Salat Klingklang

(Für 8 Kinder)

- 2 Salatköpfe
- 250 g Käse
- 1 kg Erdbeeren
- 1 Becher Sahne
- 1 Becher Joghurt
- 4 Teelöffel Zucker
- 1 Prise Salz, Pfeffer, süßer Paprika

Salatblätter waschen und zerpflücken, Erdbeeren waschen und halbieren, Käse in kleine Würfel schneiden und alles in eine große Schüssel geben. Den Joghurt mit der Sahne verrühren und mit Zucker, Salz, Pfeffer und Paprika abschmecken. Vorsichtig unter den Salat mischen.

<u>Notenbrote</u>
(pro Kind 3 Brotscheiben)

- Brotscheiben
- Käse
- Wurst
- Gemüse (Gurken, Tomaten usw.)
- Fähnchen

Die Brote zu kleinen Kreisen schneiden (evtl. ausstechen) und mit Käse, Wurst und Gemüse belegen. Kleine Fähnchen hineinstecken.

<u>Schunkelwein</u>

- Mineralwasser
- Brausepulver

Etwas Brausepulver in das Mineralwasser geben.

Spiele, Spiele, Spiele

Quietschkonzert

- Luftballons

Im Wunderland zog Alice mit einem Luftballon durch die Lüfte. Das Reisegefährt wird zunächst einmal genauer untersucht und geprüft. Alle Kinder blasen einen Luftballon auf, dann nehmen sie die Öffnung mit beiden Händen jeweils zwischen Zeigefinger und Daumen, ziehen sie auseinander und lassen die Luft ganz langsam und mit einem Quietschton entweichen. Ein Quietschkonzert entsteht. Einer „erzählt“ (quietscht), der andere versucht möglichst mit dem gleichen Ton zu antworten. Eine Hälfte der Gruppe gibt neue Quietschtöne vor, die anderen antworten.

Wasserkonzert

- Luftballons
- Wasser

Die Luft wird nun ganz aus den Luftballons gelassen, und alle werden mit wenig Wasser gefüllt. Dann noch etwas aufblasen und zuknoten. Durch Schwenken und Schütteln der Ballons entstehen verschiedene Töne.
Nach einigem Experimentieren können die Kinder mit einem schönen Wassermusik-Konzert beginnen. Allerdings ist es ratsam, dieses Konzert draußen im Garten, auf dem Balkon oder im Badezimmer stattfinden zu lassen.

Flug mit Hindernissen

- Luftballon mit Spielfigur

Die Kinder teilen sich in zwei Gruppen, die „Flieger“ und die „Geräuschemacher“. Die Flieger verteilen sich im Raum und versuchen, den Luftballon mit Alice in der Luft zu halten. Diesmal dürfen sie den Ballon jedoch berühren. Immer wieder prellen sie ihn hoch. Die „Geräuschemacher“ hocken auf dem Boden und produzieren jedesmal, wenn der Ballon hochgeschubst wird, ein Geräusch. Berührt der Ballon den Boden, wechseln die Gruppen.

Ballonstart durch den Kamin

- Luftballon
- Spielfigur

In einen Luftballon wird eine kleine Spielfigur gesteckt, unsere Alice. Der Luftballon wird aufgeblasen und zugeknotet, und schon kann Alices Reise ins Wunderland beginnen. Vier Kinder stellen sich dicht zu einem Kreis zusammen und fassen sich um die Hüften. So entsteht ein Kamin, durch den Alice in ihrem Ballon aufsteigen muß. Der Luftballon (mit Alice) wird in die Mitte gelegt, und die Kinder versuchen, ihn durch den Kamin auf die Reise zu schicken, ohne ihn anzufassen. Zum Luftwedeln dürfen natürlich die Hände benutzt werden.

Alices Reise übers Meer

- Plastik- oder Abdeckplane
- Luftballon mit Spielfigur
- Musik

Die Plane, die das Meer symbolisiert, wird auf dem Boden ausgebreitet und der Luftballon darauf gelegt. Die Kinder sitzen um die Plane und nehmen sie in die Hand. Sie bewegen die Plane zur Musik. Der Ballon wird dabei hin und her getrieben. Die Kinder stehen mit der Plane auf und bewegen sich im Raum zur Musik.

Die Vögel

- Luftballon mit Spielfigur

Bei dem Flug über das Meer helfen Vögel Alice dabei, daß der Ballon sicher über das Wasser kommt. Dazu bilden die Kinder Paare. Das etwas größere Kind nimmt das kleinere Kind Rücken an Rücken (mit den Armen einhaken) auf den Buckel. Das obenliegende Kind hält den Ballon mit Alice zwischen den Füßen, läßt sich ein Stück tragen und versucht dann ganz vorsichtig, den Ballon mit den Füßen an ein anderes Paar weiterzugeben. Gelingt es nicht, und Alice landet mit ihrem Ballon auf dem „Wasser", drehen alle Vögel eine Strafrunde, bevor sie zu einem erneuten Versuch antreten dürfen.
Einfachere Variante: Die Kinder sitzen auf dem Boden und geben den Ballon mit den Füßen weiter.

Basteln: Rasseln

- *Joghurtbecher*
- *Luftballons*
- *zum Füllen: Erbsen, Reis, Perlen, kleine Steine*

Jedes Kind erhält einen Joghurtbecher, der mit dem Rasselmaterial zu einem Viertel gefüllt wird. Dann werden die Luftballons abgeschnitten, über die Joghurtbecheröffnung gezogen und mit einem Gummi befestigt. Dabei sollen immer zwei Rasseln äußerlich gleich sein. Es muß also darauf geachtet werden, daß jede Luftballonfarbe doppelt/vierfach vertreten ist. Die beiden Rasseln eines Paares sollten aber nicht nur äußerlich gleich aussehen, sondern auch den gleichen Klang haben. Also muß beim Füllen aufgepaßt werden!

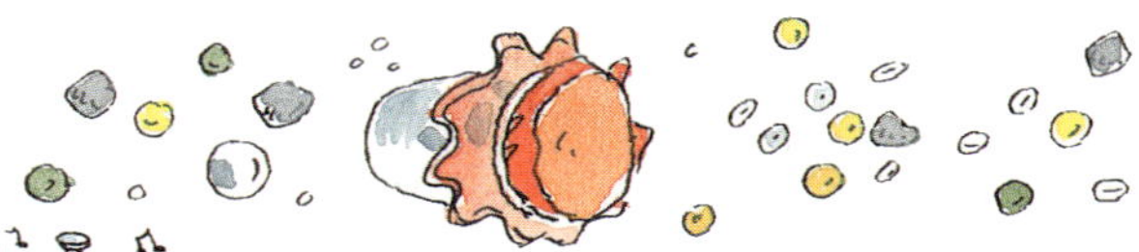

Rasseltausch und Partnersuche

- selbstgebastelte Rasseln
- Kassettenrekorder
- Musik

Alice ist im Wunderland angekommen. Sie wird mit einem Rasselkonzert heftig begrüßt. Danach bewegen sich alle Kinder mit ihrer Rassel zum Rhythmus der Musik durch den Raum, dabei tauschen sie ganz schnell und immer wieder ihre Rasseln. Wenn die Musik vom Spielleiter gestoppt wird, sucht sich jedes Kind den Partner, dessen Rassel gleich ist wie die, die er gerade selbst in den Händen hält.
Um das Spiel etwas schwieriger zu gestalten, werden den Kindern die Augen verbunden, und erst dann werden – ohne Musik – die Rasseln getauscht. Auf ein Zeichen des Spielleiters sucht nun jedes Kind wiederum seinen Partner; diesmal kann es ihn aber nur am Geräusch der Rassel erkennen.

Geräusche und Rhythmus

- selbstgebastelte Rasseln

Ein Kind geht hinaus, und die anderen bestimmen einen Dirigenten, der die Lautstärke und den Rhythmus der Gruppe vorgibt: mal leise, mal laut, mal schnell, mal langsam. Die Musiker richten sich nach ihm. Das Kind wird hereingerufen, das Orchester spielt, und das Kind muß nun erraten, wer der Dirigent ist.

Im Wald des Vergessens

- grüne Papierbögen
- Trommel
- selbstgebastelte Rasseln

Alice ist in Richtung Wald weitergegangen. Am Waldrand trifft sie einen Hasen, der sie vor dem Betreten des Waldes warnt. Denn immer, wenn ein mächtiger Donner ertönt, überfällt jeden, der sich gerade im Wald aufhält, augenblicklich das große Vergessen. Nur der schnelle Sprung auf einen Baum kann ihn davor bewahren.

Die Papierbögen, die die Bäume darstellen, werden im Raum verteilt, einer weniger als Kinder mitspielen. Die Kinder gehen durch den Raum. Dabei versuchen sie, im Rhythmus zu rasseln. Die „Bäume“ dürfen nicht berührt werden. Dann ertönt ein lauter „Donner“ (Trommelschlag). Sofort hören alle auf zu rasseln und suchen sich einen rettenden „Baum“. Das Kind, das übrigbleibt, darf als nächstes die Trommel schlagen.

Basteln: Instrumente

Rasseln allein machen noch kein Orchester. Deshalb gehen die kleinen Musikanten an die Arbeit und basteln Instrumente. Jedes Kind kann sich selber aussuchen, welches Instrument es bauen will. Es handelt sich hier um ganz einfache Konstruktionen, die Geräusche und Klänge produzieren. Ein Erwachsener steht mit Rat und Tat zur Verfügung.

Schellenbaum

- vorgebohrte Kronkorken
- Draht
- Besenstiele oder Astgabeln

Kronkorken, die in der Mitte ein Loch haben (bitte vorbohren), werden auf biegsamen Draht geschoben. Mehrere dieser Schellen werden mit Draht an einem Besenstiel oder einer kleinen Astgabel befestigt. So ist ein Schellenbaum entstanden, der geschüttelt und auf den Boden gestampft werden kann.

Weitere Instrumente

- Töpfe
- Topfdeckel
- Kochlöffel

Es kann gut sein, daß ein oder zwei Kinder keine Lust haben, Instrumente zu bauen. Auch gut. Sie suchen sich fertige Instrumente aus, wie zwei Topfdeckel als Becken, Töpfe als Trommeln – oder sie versuchen, welche Geräusche und Töne sie mit dem eigenen Körper produzieren können.

Panflöte

- vorgesägte Bambusstangen
- Schnur
- schmale Holzleisten

Aus Bambusstangen werden Stücke unterschiedlicher Länge gesägt. Die einzelnen Flöten werden mit Schnur so zusammengebunden, daß sie in der Größe von links nach rechts kleiner werden. Die „Mundstücke" bilden eine Ebene. Wenn mit der Schnur verbundene schmale Holzleistenstücke vorn und hinten Halt geben, halten die Panflöten länger.

Glasorgel

- leere Flaschen
- Trichter
- Wasser
- Holzstab

Einfach herzustellen, wenn auch ein bißchen feucht: Glasorgeln. Es stehen Flaschen und ein Trichter zur Verfügung. Aus einer Kanne wird durch den Trichter unterschiedlich viel Wasser in die Flaschen gefüllt. Wenn die Flaschen nun mit einem Holzstab angeschlagen werden, ergeben sich verschieden hohe Töne. Zur Feinabstimmung kann Wasser ausgegossen oder nachgefüllt werden.

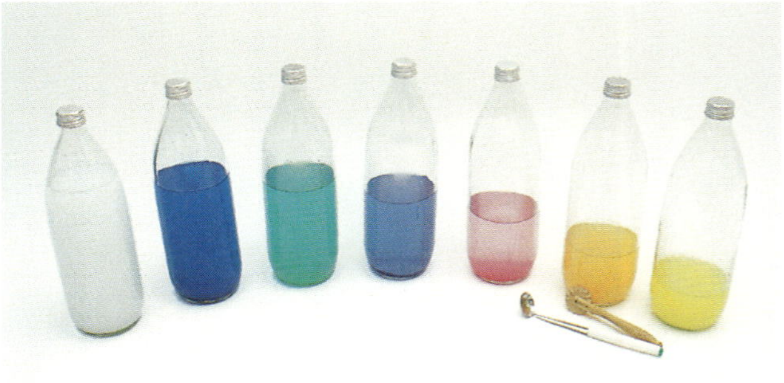

Verabschiedung

Das Konzert

- selbstgebastelte Instrumente

Zum Abschluß des Festes wird ein großes Konzert gegeben.
Sind die Instrumente fertiggestellt, gibt es erst einmal eine Orchesterprobe. Dafür braucht man aber einen Dirigenten. Wenn nämlich alle durcheinander ihre Instrumente strapazieren, dann gibt es höchstens einen durchdringenden Krach. Trotzdem sollte dies zu Beginn der Orchesterprobe geschehen dürfen, damit sich überschüssige Energie austoben kann. Die Künstler dürfen mit ihren Instrumenten also ruhig erst einmal durch den Raum spazieren und nach Leibeskräften blasen, reiben, klopfen, hämmern, schreien und singen.
Dann sammeln sich die Kinder, und das Orchester wird aufgebaut. Zuerst darf jeder Künstler sein Instrument vorstellen, und zwar der Reihe nach. Der Spielleiter stellt zunächst Fragen zum Bau und gibt dann Tips, wie man mit dem einen oder anderen Instrument behutsamer oder geschickter umgehen kann. Danach versucht er, einen Rhythmus in die Gruppe zu geben. So könnte der Schellenbaum in einem bestimmten Takt auf den Boden gestampft werden. Schlagzeug und Becken könnten den Takt aufnehmen, aber leise. Vorsichtig könnten nun die Melodieinstrumente einfallen. Vielleicht bekommen Flötisten und Glasorgelspieler ja sogar eine „richtige" Melodie hin (ist aber nicht unbedingt nötig).
Am besten läßt man die Kinder ein bißchen üben und greift nur da ein, wo es zu chaotisch wird.
Natürlich können die selbstgebauten Instrumente und die Rasseln von den Gästen mit nach Hause genommen werden.

Ein Kaufhaus in Amerika

In einem Kaufhaus findet dieses Fest statt, in einem ziemlich verrückten noch dazu. Hier machen sich Dinge selbständig, hier kann man von der einen Abteilung zur anderen springen, hier schminken sich Jungen und Mädchen und veranstalten sogar eine gemeinsame Modenschau. Es gibt amerikanisches Essen und Trinken, amerikanische Spiele und viele Überraschungen vom anderen Kontinent.

Einladung

Kaufhaus
- Buntstifte, Filzstifte
- Glimmer
- Klebstoff

Für jeden Gast wird eine Einladung kopiert und Name, Adresse, Datum und Uhrzeit eingetragen. Das Gastgeberkind kann alles bunt ausmalen und mit Glimmer verzieren.

Auf der Karte ist außerdem vermerkt, daß die Kinder in Verkleidung erscheinen sollen: Alle Gäste (acht Kinder, höchstens zehn) kommen zu diesem Fest, das sich sehr gut als Faschingsfest feiern läßt, in einer typisch amerikanischen Aufmachung. Sie verkleiden sich zum Beispiel als Cowboy oder Cowgirl, Freiheitsstatue, American-Football- oder Baseball-Spieler, Cheerleader oder als Rapper.

Dekoration

Die „Abteilungen" des Kaufhauses existieren nur in der Einbildung; der Raum braucht also nicht besonders dekoriert zu werden.
Die Atmosphäre wird von den bunt gekleideten Amerikanern geprägt. Falls jedoch Gegenstände vorhanden sind, die aus den USA stammen, macht es sich gut, diese zur Dekoration aufzustellen oder an die Wände zu hängen. Das können Reiseplakate sein, Poster von Filmstars oder von „Western", Cola-Reklame, Schilder und Karten.

Essen und Trinken

Fresh-Fruit-Cup

- 1 Ananas
- 1 Honigmelone
- 500 g Weintrauben
- 2 Bananen
- 4–5 Eßlöffel Honig

Das Obst sorgfältig zerkleinern und mit dem Honig vermischen.

Hamburger

- Muffins (Brötchen)
- Frikadellen
- Salatblätter
- Tomatenscheiben
- Gurken
- Käse
- Zwiebeln
- Ketchup
- Senf
- Mayonnaise

Für die Hamburger werden die Muffins (amerikanische Brötchen) aufgeschnitten und mit Senf oder Mayonnaise bestrichen. Auf die untere Hälfte kommt ein Salatblatt, dann der Reihe nach eine plattgedrückte Frikadelle, Tomatenketchup, Tomaten- und Gurkenscheiben und wahlweise Käsescheiben oder Zwiebelringe. Dann wird die obere Brötchenhälfte aufgelegt und der ganze Hamburger in eine Serviettentasche gelegt, damit es nicht so kleckert.

Eiscreme

- verschiedenen Sorten

Amerikanisches „Nationalgetränk"

- Cola

Vitamindrink

- Orangensaft

Spiele, Spiele, Spiele

Ich kenne einen Cowboy

Bei diesem Bewegungslied werden zu jedem Vers die entsprechenden Bewegungen gemacht.

Ich kenne einen Cowboy,
der Cowboy, der heißt Bill.
Und wenn der Cowboy reiten will,
dann steht mein Herze still.

Und so reit' der Cowboy,
der Cowboy, der reit' so.
Und so reit' der Cowboy,
der Cowboy, der reit' so.

(Reiten: in die Knie gehen und hoch und runter)

... und wenn der Cowboy schießen will, ...
... und so schießt der Cowboy, ...

(Schießen: mit dem Mittelfinger schießen)

... und wenn der Cowboy trinken will, ...
... und so trinkt der Cowboy, ...

(Trinken: so tun, als ob man ein Glas in der Hand hält und zum Mund führt)

... und wenn der Cowboy lieben will, ...
... und so liebt der Cowboy, ...

(Lieben: sich selbst umarmen und dabei hin und her wiegen)
Statt „Cowboy" kann man auch eine andere Person einsetzen, zum Beispiel „Rapper", und sich dann entsprechende andere Tätigkeiten dazu ausdenken, zum Beispiel „rappen" oder „tanzen".

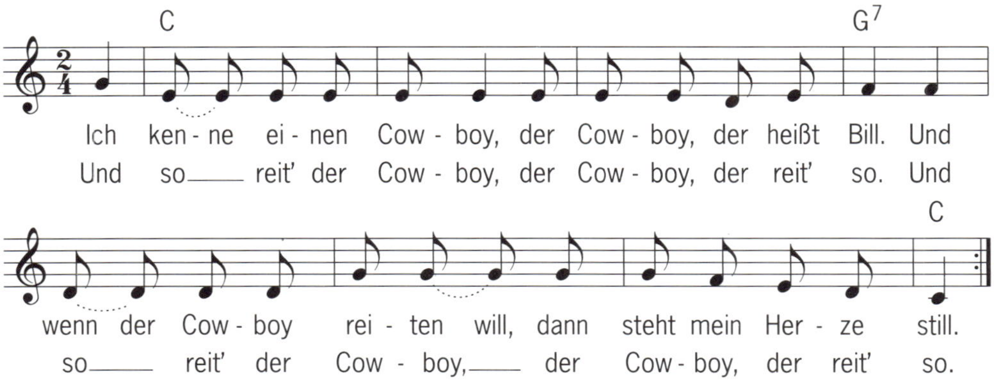

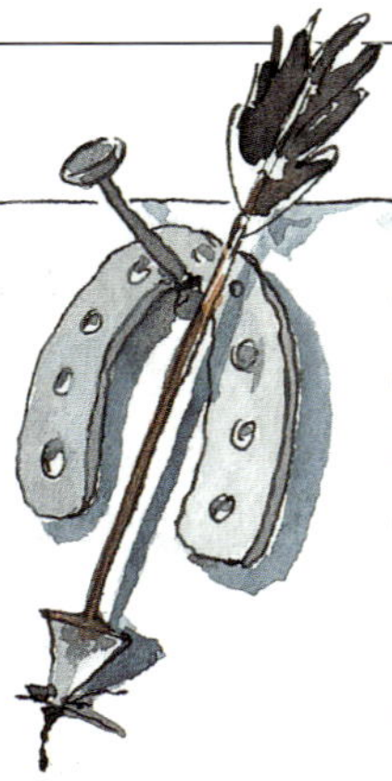

<u>Songhit: Der Onkel in Amerika</u>

Der Onkel in Amerika,
der hat uns heut geschrieben:
Hallo! Wie geht's? Wie steht's?
Und wann besucht ihr mich, ihr Lieben?

Er hat in Kansas eine Farm
mit hundertzwanzig Pferden.
Und wenn ich rüberkomme, dann
soll ich gleich Cowboy werden.

Ich kriege einen runden Hut,
ein Pony, das ich reite.
Das Lasso hängt am Sattelknauf,
der Colt an meiner Seite.

Und Freddy heiß ich oder Tom,
hab Sporen an den Füßen.
Und schreibt der Onkel wieder mal,
dann laß ich euch schön grüßen.

Musik: Klaus Doldinger · Text: Rudolf Wiemer

Die Fahrt zum Kaufhaus

- Kassettenrekorder
- flotte Rap-Musik
- Karten, auf denen verschiedene Verkehrsmittel, Ampeln, Zebrastreifen usw. abgebildet sind

Die Gäste werden in Amerika vom Flughafen abgeholt. Zunächst müssen sie durch den dichten Stadtverkehr zum Kaufhaus gelotst werden. Um schneller voranzukommen, wechseln sie mehrmals das Verkehrsmittel.
Die Kinder laufen im Rhythmus von Rap-Musik durch den Raum. In Abständen hält der Spielleiter verschiedene Karten in die Höhe, auf denen Autos, Busse, LKWs, Fahrräder usw. abgebildet sind. Die Karten zeigen den Kindern an, wie sie sich bewegen sollen:

- wie bei der Fahrt mit einem alten, klapprigen Chevi oder einem schnellen Flitzer,
- wie in einem Bus (alle Kinder tanzen dicht aneinandergedrängt)
- wie in einer LKW-Kolonne (die Kinder bilden eine Schlange und tanzen hintereinander)
- wie auf einem Fahrrad (alle legen sich auf den Rücken und strampeln mit den Beinen).

Wird eine Karte mit „roter Ampel“ gezeigt, halten die Kinder an, bei „Gelb“ geben sie ein Startgeräusch von sich, bei „Grün“ geht es weiter.
Wird eine Karte mit Zebrastreifen gezeigt, legen sich alle nebeneinander auf den Boden. Entweder läßt man Lücken, so daß eines der Kinder hüpfend die Straße überqueren kann, oder alle liegen so dicht nebeneinander, daß ein Kind sich quer obendrauf legt und dann über die Straße gerollt wird: Die ganze Kinderreihe rollt sich auf Kommando nach rechts, bis das oben liegende Kind auf der anderen Straßenseite angekommen ist.

Parfümerie

- verschiedene Fläschchen mit Ölen oder Parfüm

Endlich im Kaufhaus angekommen, geht es zunächst in die Parfümerieabteilung. Auf einem Tablett stehen verschiedene Fläschchen mit Parfüm oder Ölen. Jedes Kind sucht sich einen Duft aus und tupft sich von seinem Parfüm etwas auf die Haut oder hinters Ohr.
Jedes Kind riecht jetzt anders und kann an seinem Duft von den anderen wiedererkannt werden. Jeder Gast merkt sich drei Düfte und muß nun mit verbundenen Augen versuchen, drei Kinder nur an ihrem Duft wiederzuerkennen.

Kosmetikabteilung

- Spiegel
- Handtücher
- Papiertücher
- Make-up
- Puder
- Lippenstifte
- Lidschatten
- Mascara
- Abschminktücher oder Creme

Die kleinen Gäste finden sich zu Paaren zusammen. Ein Kind fängt an, seinen Partner mit Make-up, Lippenstift, Lidschatten usw. so zu schminken, daß es gut zu dessen Kostüm paßt. Danach ist das andere Kind mit Schminken an der Reihe.

Modenschau

- Kreppapier

Alle sind nun frisch gestylt und wollen auf dem Laufsteg (der mit Kreppband auf dem Fußboden markiert wird) ihre Kostüme und wundervollen Frisuren vorführen. Die Gäste teilen sich in zwei Gruppen. Die eine Hälfte setzt sich als Zuschauer an den Laufsteg, die andere wird zu Models. Die Models führen nun die neueste Mode vor. Jedes Kind überlegt sich mehrere zu seinem Kostüm passende Bewegungen und präsentiert diese dann auf dem Laufsteg zu ausgesuchter Musik. Wenn alle Models an der Reihe waren, wird wieder getauscht.

Friseur

- Spiegel
- Handtücher
- Kämme
- Bürsten
- Spangen
- Clipse
- Schleifen, Bänder, Tücher, Federn
- Haarlack, -spray, -gel
- Glimmer

Die Kinder kommen zu dritt zusammen. Eines spielt den Kunden, und die anderen beiden sind die Friseure, die ihren Kunden zunächst einmal beraten. Dann zaubert die Starfriseurin dem Kunden mit Kämmen, Spangen, Schleifen oder Bändern ein wahres Kunstwerk auf den Kopf. Der zweite Friseur geht ihr dabei zur Hand: Er reicht den Haarlack und hält die Strähnen zum Trocknen fest. Danach werden die Rollen getauscht.

Spaß beim Sport

- Kassettenrekorder
- Musik
- Karten mit verschiedenen Sportarten oder -geräten

Der Spielleiter verteilt Karten, auf denen verschiedene Sportarten oder Sportgeräte dargestellt sind, zum Beispiel Boxen, Tennis, Fußball, Ballett, Hanteln, Hürdenlauf, Tauchen, Gymnastik usw. Jedes Kind stellt mit Musikbegleitung die Sportart oder das Sportgerät, das sich auf seiner Karte befindet, mit passenden Bewegungen dar. Die anderen müssen erraten, um welche Sportart es sich handelt, und machen die Bewegungen dann eine Weile mit.
Um das Spiel noch schneller zu machen, ruft ein Kind einfach eine Sportart und zeigt auf jemanden, der diese dann darstellen muß. Die anderen machen mit. Das Kind, das zuletzt an der Reihe war, denkt sich eine neue Sportart aus und zeigt seinerseits auf ein anderes Kind, das dann weitermachen muß.

Im Reisebüro

- Kassettenrekorder
- Musik

Hier gibt es die tollsten Angebote: Reisen in die ganze Welt. Gerade ist per Fax ein Super-Sonderangebot für eine Wandertour durch die Wüste hereingekommen. Unsere Gruppe beschließt, gleich zu buchen. Leider sind in zwei Flugzeugen nur noch wenige Plätze frei. Jetzt muß schnell entschieden werden, wer überhaupt und mit wem fährt.
Die Musik spielt und wird plötzlich gestoppt. Dabei ruft der Reiseleiter die Zahl der noch freien Plätze aus, die sich ständig verringert.
Zum Beispiel: Bei neun Teilnehmern ruft er „vier“. Nun stellen sich die Kunden schnell in zwei Vierergruppen zusammen. Einer bleibt übrig und scheidet aus. Das Spiel geht weiter. Jetzt sind es nur noch acht Kunden. Der Reiseleiter ruft „drei“, und schon wieder müssen zwei Kunden ausscheiden und so fort. Die letzten beiden Kunden dürfen buchen.

In der Kurzwarenabteilung

- 1 große Schüssel
- 4 kleine Schüsseln
- Knöpfe, Murmeln, Garnrollen, Münzen
- Tuch
- Stoppuhr
- Papier und Stift

Dem Verkäufer in der Kurzwarenabteilung ist ein Regal umgefallen. Alles ist durcheinander: Klar, daß unsere Gäste ihm beim Auseinandersortieren helfen. In der großen Schüssel werden die Kurzwaren durcheinandergemischt. Die Schüssel wird in die Mitte gestellt, davor kommen die vier kleinen Schüsseln. Einem Gast werden die Augen verbunden. Er muß jetzt die ertasteten Gegenstände in die Schüsseln sortieren. Die Zeit wird gestoppt und notiert. Für den nächsten Kandidaten wird natürlich wieder alles zurückgeschüttet. Wer ist am schnellsten?

In der Buchabteilung

● Bücher

Hier bedauern es unsere Gäste sehr, daß sie nicht in englischer Sprache lesen können. Da stellt sich die Frage: „Was kann man noch alles mit Büchern machen, außer sie zu lesen?“:

- mit einem Buch auf dem Kopf vier Kniebeugen machen
- mit einem Buch auf dem Kopf durchs Zimmer gehen
- die Arme ausstrecken, ein Buch auf die Hände legen und dann hochspringen
- ein Buch auf die Füße legen und damit hochspringen

Wer hat noch mehr Ideen?
Wem ein Buch herunterfällt, muß ein Pfand abgeben.

<u>Auslösen der Pfänder</u>
Um sein Pfand zurückzubekommen, muß dessen Besitzer kleine Aufgaben erfüllen.
Zum Beispiel:

- Nenne die Namen von zwei amerikanischen Städten.
- Singe ein Lied auf englisch.
- Wie kann man von Deutschland nach Amerika reisen?
- Singe einen Zeitungsartikel vor!

Die Musikabteilung

● Apfelsinen
● Kassettenrekorder
● Musik

In der Musikabteilung kommen unsere Gäste voll auf ihre Kosten. Hier werden die neuesten Hits gespielt. Gleich fangen sie an zu tanzen. Es bilden sich Paare, und jedes erhält eine Apfelsine, die während des Tanzens zwischen den Stirnen festgehalten werden muß. Fällt eine Apfelsine herunter, scheidet das Paar aus.

Verabschiedung

Basteln: Mikrofonattrappe

- *Toilettenpapierrolle*
- *Farbe*
- *Gummiball*
- *Schere*
- *schwarzer Wollfaden*

Vielleicht findet sich im Kinderzimmer ein Spielzeugmikrophon. Falls nicht, ist das auch kein Problem. Man kann sich so ein Mikrophon auch ganz leicht selber basteln.
Eine leere Toilettenpapierrolle bildet den Korpus. Sie kann schwarz oder grau angemalt werden. Über ein Ende wird ein aufgeschnittener Gummi- oder Plastikball gestülpt. Aus dem anderen Ende kann ein schwarzer Wollfaden als Antennenschnur heraushängen.

American Special

- Mikrofonattrappe

Nach Beendigung des Rundgangs durch das Kaufhaus möchten die Amerikaner auch einmal etwas aus ihrem Land zeigen, zum Beispiel:
- ein Cowboy zeigt Lassowerfen (mit einem Springseil)
- ein anderer Cowboy zeigt Zielschießen (mit Bällen auf bestimmte Gegenstände werfen)
- ein Baseballer zeigt das Schlagen mit einem Baseballschläger (mit einem Stock und kleinen Schaumstoffbällen)
- ein Rapper tanzt nach heißer Rap-Musik
- ein Cheerleader führt einige Figuren vor
- ein Sänger singt einen Song von Elvis oder Madonna (evtl. mit Playback)

Der Spielleiter moderiert die Show und kündigt die kleinen Darsteller (mit Künstlernamen) über ein Mikro (Mikrofonattrappe) an. Die Vorführungen werden kommentiert oder die Zuschauer aufgefordert, mitzumachen.
Zum Abschluß wird jeder Künstler noch einmal einzeln mit Applaus und einem „Goodbye" verabschiedet.

Xantener Ritterspiele

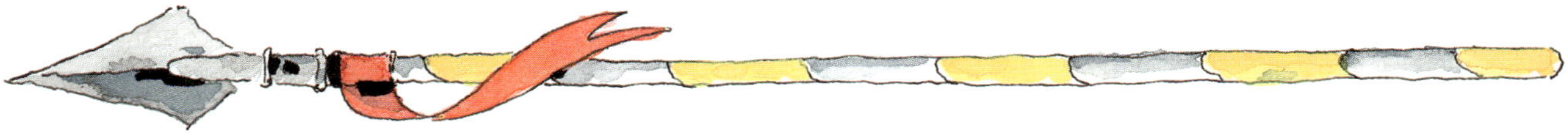

Im Nibelungenlied wird Xanten als die Heimat des großen Helden Siegfried genannt. Grund genug, uns vorstellen zu können, daß hier festliche Ritterspiele stattfanden, daß feine Hofdamen flanierten, begleitet von edlen Rittern. Ein solches Szenario bildet die Grundlage für unser Fest, das zwar auch in der Wohnung, aber viel besser draußen gefeiert werden kann.

Einladung

Ritterburg

- dicker Fotokarton
- dünner Fotokarton
- Schere
- Klebstoff
- Wollfäden
- Farbstifte

Als Einladung wird eine Ritterburg verschickt. Ein Stück Fotokarton auf die Einladungsgröße, ca. 16 cm breit und 15 cm hoch, schneiden. Ein dünneres Stück andersfarbiger Fotokarton, etwa 15 x 13 cm groß, wird in den Konturen einer Burgfassade ausgeschnitten und bekommt in der Mitte eine Brücke: den Fotokarton oben, links und rechts einschneiden, unten jedoch nicht. Dieses Brückenstück nach vorn klappen und durch die beiden oberen Ecken Löcher bohren. Dann werden die beiden Kartonstücke aufeinandergeklebt und die Löcher auch durch das untere Kartonstück gebohrt. Aus Wollfäden zwei Kordeln drehen. Diese jeweils durch beide Löcher ziehen und die Enden verknoten. Wenn nun die beiden Kordeln vollständig nach hinten durchgezogen werden, ist das Tor geschlossen. Wenn vorsichtig vorn an der Brücke gezogen wird, geht diese herunter. Auf das nun sichtbare Stück des hinteren Kartons wird der Einladungstext mit dem Ort, dem Datum und der Uhrzeit geschrieben. Die Burgfassade kann noch mit Fenstern und Wappen ausgemalt werden.

Dekoration

Turnierplatz

- Leine
- Bettlaken
- Bücher/Steine zum Beschweren
- 2 Besenstiele
- Schwämme
- Kreppapierstreifen
- Stühle

Zwischen zwei Wänden (oder zwei Bäumen) wird eine Leine gespannt. Zwei alte Bettlaken zusammennähen, so daß ein großes Tuch entsteht. Ein Zipfel dieses Tuches wird mit einer Kordel verknotet und an die Leine gehängt. Der hintere untere Rand des Tuches kann mit Büchern/Steinen beschwert werden. Vorn werden zwei Zipfel abgebunden und zwei Besenstiele darunter gestellt, so daß eine Öffnung entsteht.
Die Enden der Besenstiele sollten gesichert werden, etwa durch Schwämme. Die Zeltmitte und die oberen Ecken des Eingangs können mit bunten Kreppapierstreifen festlich geschmückt werden. Eine Stuhlreihe gibt eine Zuschauertribüne. Wenn dort auch zwei Tische stehen, kann an gleicher Stelle das Rittermahl eingenommen werden.

Essen und Trinken

Arme Ritter

- 1 Ei
- Milch
- Honig
- Toastschnitten
- Marmelade/Kompott
- Zimt/Zucker

Passend zum Thema gibt es „Arme Ritter“: Für je vier Kinder wird ein Ei mit Milch und Honig verquirlt und die Flüssigkeit in einen tiefen Teller gegeben. Darin werden Toastschnitten eingeweicht und mit etwas Fett in einer Pfanne goldbraun gebraten. Dazu gibt es Marmelade, Kompott oder Zimt und Zucker.

Burggrafenbrot

pro Kind:

- 1 Scheibe Toastbrot
- 1 Möhre
- $\frac{1}{4}$ Zwiebel
- 2–3 Scheiben Salami
- $\frac{1}{2}$ Tomate
- 1 Scheibe Gouda
- Butter

Die Toastbrotscheiben mit Butter bestreichen und auf ein mit Backpapier ausgelegtes Backblech legen. Möhren und Zwiebeln würfeln, in der Pfanne dünsten. Salami kleinschneiden und mit in die Pfanne geben, alles gut verrühren. Auf die Brotscheiben verteilen. Darauf die Tomatenscheibe legen und darüber den Käse. Im vorgeheizten Backofen bei 200 Grad ca. 20 Minuten backen.

Met

- Erdbeeren
- Honig
- Milch

Die Erdbeeren waschen, pürieren und mit Honig verquirlen. Unter kräftigem Rühren Milch dazugeben. Je schaumiger der Met wird, umso besser schmeckt er. Serviert wird der Trunk eiskalt.

Spiele, Spiele, Spiele

Lied: Die alten Rittersleut'

Zu Xanten, da wird gefeiert,
wird gesungen und geleiert,
feine Damen, edle Herrn,
haben's Feiern gar so gern!
Ja so warn s', ja so warn s', ja so warn s',
die alten Rittersleut', die alten Rittersleut'!

Rittersleut' und ihre Knappen
tragen stolz die bunten Wappen,
Damen aus der Stadt, vom Land,
zeigen her ihr schönst' Gewand!
Ja so warn s', ja so warn s', ja so warn s',
die alten Rittersleut', die alten Rittersleut'!

Spielen, Tanzen und Gesang
zaubern her den schönsten Klang.
Gute Speisen, kalten Met
gibt es heut von früh bis spät.
Ja so warn s', ja so warn s', ja so warn s',
die alten Rittersleut', die alten Rittersleut'!

Ist die Feier dann vorbei,
ziehn nach Haus wir mit Geschrei.
Hei, war das ein schönes Fest.
Auf nach Nord, Ost, Süd und West!
Ja so warn s', ja so warn s', ja so warn s',
die alten Rittersleut', die alten Rittersleut'!

Im Sechsspänner

Völlig klar, daß die Damen und Herren mit der Pferdekutsche zur Burg fahren, denn Autos gab es damals ja noch nicht. Wir fahren also in Sechsspännern, das sind Kutschen mit sechs Zugpferden.
Die Kinder setzen sich zu zweit hintereinander auf den Boden. Der Spielleiter gibt vor, wie gefahren wird, und die Kinder ahmen es mit Geräuschen und Bewegungen nach. Da geht es über eine sehr holprige Steinpflasterstraße, durch Rechtskurven, durch Linkskurven in den Wald hinein. Dort ist der Weg aufgeweicht, die Räder drehen sich sehr langsam, die Pferde schnaufen. Manchmal hoppeln die Wagen über Wurzeln. Der Wind bläst durch die Bäume. Über eine Holzbrücke geht es hinaus aus dem Wald, die Straße wird besser, die Pferde galoppieren …
Nach einer steilen Auffahrt geht es über die Burgbrücke, und die Wagen sind im Hof angelangt.
Alles aussteigen!

Malen: Ein Ritter braucht ein Wappenschild

- *fester Karton DIN A2*
- *Farb- und Filzstifte*
- *Kordeln*
- *Klammerapparat*

Das Erkennungszeichen des Ritters ist sein Wappen. Es ermöglicht, den unter seiner Rüstung verborgenen Ritter als Freund oder Feind zu identifizieren.

Viele Ritter haben als Wappenzeichen Tiere, zum Beispiel Löwen, Adler usw. gewählt oder Gegenstände, die mit ihrem Namen in Beziehung stehen, zum Beispiel Klingenberg – einen Berg und ein Schwert. Für jeden Gast steht ein fester Karton (DIN A2) zur Verfügung, der vorher schon in Wappenform (siehe Zeichnung) ausgeschnitten wurde. Es gibt genügend Farben und Farbstifte, außerdem Kordeln und ein Klammerapparat, um auf der Rückseite einen Griff zu befestigen.

<u>Basteln: Ein Ritter braucht eine Kopfbedeckung</u>

- *schwarzes Tonpapier/Goldpapier*
- *Klammerapparat*

Das Tonpapier in Streifen schneiden und mit Goldpapier verzieren. Den Kopfumfang abmessen und das Stirnband mit einem Klammerapparat schließen. An dieses Band einen weiteren Streifen von der Stirn zum Hinterkopf anbringen. Wer möchte, kann sich noch ein Visier anfertigen.

<u>Basteln: Ein Ritter braucht eine Lanze</u>

- *ca. 1 m lange Stöcke*
- *Stifte*
- *Kreppapierstreifen*
- *grauer Karton*

Aus dem Karton eine Spitztüte kleben und diese auf den Stock stecken. Auf die Lanzen werden die Ritternamen gemalt. Sie können auch mit Kreppapierstreifen verziert werden.

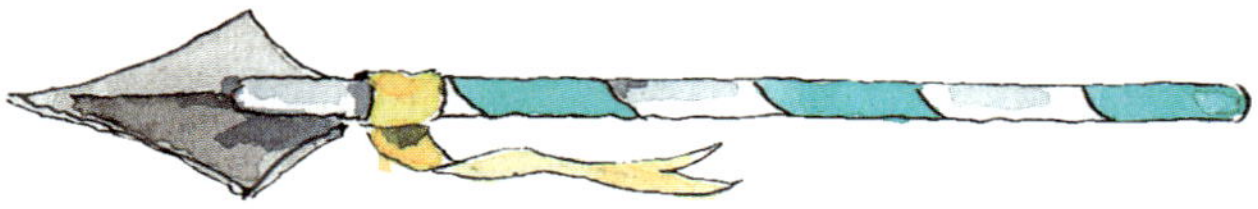

<u>Basteln: Ein Ritter braucht ein Pferd</u>

- *ca. 1,20 m lange Besenstiele*
- *alte Socken*
- *Watte, Wolle, Stoffreste, Kordeln*
- *dicke Knöpfe für die Augen*
- *buntes Krepp*

Dazu eignen sich Besenstiele, die auf eine Länge von etwa 1,20 m gesägt wurden. Eine alte Socke wird mit Stoffresten, Wolle oder Watte ausgestopft und bis zur Ferse über den Besenstiel gezogen. Dort wird der „Pferdekopf" mit einer Kordel festgebunden. Eine Mähne wird aus Wollbüscheln gefertigt, dicke Knöpfe werden als Augen angenäht.
Variante: Aus einem Karton einen Pferdekopf ausschneiden. Den Stock an der Spitze spalten und in diesen Spalt den Kopf stecken. Zaumzeug und Zügel werden aus farblich unterschiedlichen Wollfäden angelegt.

Alte Zeiten

Während des Bastelns oder auch danach erfahren die Herrschaften einiges aus der Zeit der Ritter.
Die kurzen Erzählungen können mit ein paar Fragen kombiniert werden:

– Woher kommt der Begriff „Ritter"?
Von Reiter – jeder Ritter hatte ein Pferd, ein sogenanntes Schlachtroß, weil die Ritter immer wieder für ihren Fürsten in die Schlacht ziehen mußten. Reiter und Pferd trugen Rüstungen – Metallkleider, die sehr schwer waren.

– Und das Wort „Bürger"?
Von Burg – Ritter lebten auf Burgen, befestigten Steinbauten, die oft auf den Gipfeln von Bergen standen. Am Fuß dieser Berge siedelten sich Menschen an, um im Schutz der Burgherren zu leben. Sie nannte man Bürger. So entstanden große Städte wie Marburg, Freiburg, Würzburg … Kennt ihr noch andere Städte, die mit „-burg" enden?

– Gibt es andere Wörter, die mit „Ritter" zu tun haben?
Zum Beispiel „ritterlich" – ritterliches Verhalten bedeutet soviel wie Hilfsbereitschaft.

Eröffnung der Ritterspiele

Es folgt der festliche Zug der Ritter auf den Festplatz, angekündigt durch einen Herold (Spielleitung). Nervös tänzeln die edlen Pferde, die Ritter tragen stolz Wappenschild und Lanze zur Schau. Ein Fanfarenstoß („Täteräääh") eröffnet die Ritterspiele. Der Herold kündigt die einzelnen Wettkämpfe und die Namen der Ritter an.

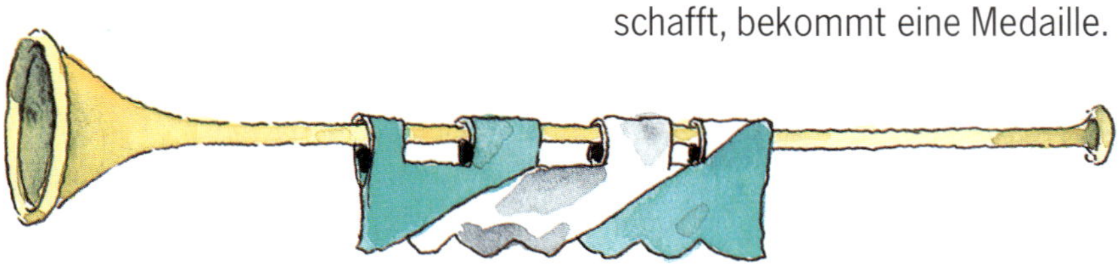

1. Spiel: Ringe

- ca. 50 cm langer Stab
- evtl. Eimer mit Sand
- 3 Wurfringe
- Medaillen (beklebte Bierdeckel)

Die Pferde dürfen vorerst etwas grasen. Die Ritter legen auch ihre Schilde ab. Etwa drei Meter von der Startlinie entfernt steckt ein etwa 50 cm hoher Stab im Boden oder in einem mit Sand gefüllten Eimer. Jeder Ritter wirft drei Ringe und versucht, den Stab zu treffen. Es zählen nur die Ringe, die sich um den Stock legen. Wer drei Ringe oder die meisten Treffer schafft, bekommt eine Medaille.

2. Spiel: Zweikampf

- 2 Seile
- 2 Softbälle
- Medaillen (beklebte Bierdeckel)

Jeweils zwei Ritter treten mit ihren Wappenschilden gegeneinander an. Sie stehen auf Kreisen, die aus Seil gelegt worden sind und einen Durchmesser von etwa einem Meter haben. Jeder hat einen Softball in Tennisballgröße in der Hand. Auf ein Kommando dürfen sie werfen. Trifft ein Ritter den anderen irgendwo am Körper, scheidet der Getroffene aus, und der nächste Ritter tritt gegen den Sieger an. Trifft keiner, holen sich beide ihre Bälle wieder und versuchen es weiter. Mit den Schilden kann der Körper geschützt werden, Treffer auf die Schilde gelten nicht. Wer zuletzt übrigbleibt, ist Sieger und darf sich seine Medaille abholen.

3. Spiel: Drachenmaul

- Plakatkarton mit aufgemaltem Drachenkopf
- Tennisbälle
- Medaillen (beklebte Bierdeckel)

Die Schilde werden abgelegt. An einem Baum und dem Boden ist ein Karton befestigt, der einen Drachenkopf zeigt. Das Maul ist ausgeschnitten. Die Kinder finden sich zu Paaren zusammen. Ein Kind ist das Pferd und nimmt den Ritter huckepack. Dieser bekommt einen Tennisball und versucht, etwa drei Meter vor dem Drachen das Drachenmaul zu treffen. Jeder Ritter hat fünf Versuche. Danach wird gewechselt.

4. Spiel: Ritterkampf

- Medaille (beklebte Bierdeckel)
- evtl. Luftballons

Wird draußen gespielt, folgt nun als Höhepunkt der Ritterkampf. Jeweils zwei Kinder tun sich zusammen, und das eine nimmt das andere huckepack. Pferd und Reiter versuchen, andere Pferde und Reiter umzuwerfen. Ein Reiter, der den Boden berührt, scheidet aus: Er wird nun in seinem Team zum Pferd, das Pferd zum Reiter. Ein Team, in dem beide Spieler als Reiter den Boden berührt haben, scheidet ganz aus. Reiter und Pferd, die bis zuletzt durchgehalten haben, bekommen jeweils eine Medaille.
Wird im Raum gespielt, werden den Spielern aufgeblasene Luftballons um das Fußgelenk gebunden. Alle laufen durch den Raum und versuchen, die Luftballons der anderen zum Platzen zu bringen. Wenn ein Luftballon platzt, scheidet der Spieler aus.

5. Spiel: Duell

- Softball

Ein Ritter wirft einen Softball hoch und ruft den Namen (den Ritternamen) eines anderen. Hat dieser den Ball gefangen, ruft er: „Stop!“ Die anderen Kinder, die in der Zwischenzeit so weit wie möglich gelaufen sind, müssen sofort stehenbleiben. Der Ballfänger versucht nun, eines der Kinder mit dem Ball zu treffen. Gelingt es ihm, darf er danach den Ball zur zweiten Runde hochwerfen und einen Namen nennen. Gelingt es ihm nicht, bekommt das Kind den Ball, auf das er gezielt hat.

Verabschiedung

Siegerehrung

- kleine Geschenke für zu Hause

Nun werden die Sieger geehrt. Da alle erfolgreich waren, bekommt jeder Ritter ein kleines Geschenk. Das Fest ist zu Ende, die Kinder verabschieden sich und dürfen natürlich Wappenschild und Lanze mit nach Hause nehmen.

Spieleregister

Wer selbst ein Fest zusammenstellen möchte, findet hier alle Spiele nochmal aufgelistet:

<u>Spiele ab 4 Jahren</u>

Spiele ab 6 Jahren

Titel	Seite	Art	Material	Ort
Eine Wasserratte	65	Fangspiel	—	Schwimmbad
Eisige Runde	76	Kreisspiel	Eiswürfel	Drinnen
Eisschnellauf	75	Laufspiel	Eiswürfel	Drinnen + Draußen
Eisschollen	73	Würfelspiel	Blätter/Würfel	Drinnen
Flockentanz	74	Musikspiel	Musik	Drinnen
Gefängnisausbruch	66	Geschicklichkeitsspiel	—	Schwimmbad
Geschicklichkeitsstaffel	64	Geschicklichkeitsspiel	Schnüre/Bälle	Schwimmbad
Gripsgymnastik	84	Rätselspiel	—	Drinnen
Kampf der Ballons	86	Geschicklichkeitsspiel	Ballons/Eimer	Drinnen + Draußen
Ketten sprengen	85	Geschicklichkeitsspiel	Toilettenpapier	Drinnen + Draußen
Klebstoff	81	Laufspiel	Seile	Drinnen
Kobold	82	Laufspiel	Seile	Drinnen
Kopf oder Leben	58	Konzentrationsspiel	Münze	Drinnen
Ohne-Worte-Show	86	Pantomime	Kasten/Zettel	Drinnen + Draußen
Orchester	83	Musikspiel	Heulrohre	Drinnen + Draußen
Powerschau	84	Sportspiel	Matten	Drinnen
Quizfragen	85	Quiz	—	Drinnen
Raub der Sabinerinnen	56	Fangspiel	—	Drinnen + Draußen
Räuberleiter	57	Geschicklichkeitsspiel	—	Drinnen + Draußen
Räuberlied	53	Singspiel	Text/Noten	Drinnen
Räuberrot	56	Laufspiel	Kopftuch	Drinnen + Draußen
Raubzug	57	Geschicklichkeitsspiel	Pfeife/Gegenstände	Drinnen
Rückwärtsgang	83	Geschicklichkeitsspiel	Dosen/Stoppuhr	Drinnen + Draußen
Rutschpartie	63	Geschicklichkeitsspiel	Seile/Reifen	Schwimmbad
Schatzkreis	54	Suchspiel	Schachteln/Watte	Drinnen
Schnabelschuhslalom	58	Geschicklichkeitsspiel	Kegel/Schuhe	Drinnen + Draußen
Schneeflockenbluff	72	Knobelspiel	Watte	Drinnen
Schneehügel	73	Tastspiel	Bettlaken	Drinnen
Schneemann	74	Rollenspiel	Kittel/Besen	Drinnen + Draußen
Schneewattepusten	75	Geschicklichkeitsspiel	Watte	Drinnen
Schuhraub	55	Geschicklichkeitsspiel	Augenbinde	Drinnen
Schwarze Wasserratte	67	Fangspiel	Kopftuch	Schwimmbad
Schwebeparcours	86	Geschicklichkeitsspiel	Kasten/Bänke	Drinnen
Sesam, öffne dich	55	Rollenspiel	Karten/Schätze	Drinnen
Storchenlauf	82	Hüpfspiel	Dosen/Preise	Drinnen + Draußen
Tanzsport	87	Musikspiel	Luftballons/Musik	Drinnen
Tauziehen	82	Geschicklichkeitsspiel	Seil/Tesakrepp	Drinnen + Draußen
Tiefschneelauf	72	Laufspiel	Schneeschuhe	Drinnen + Draußen
Wasserlöwen	66	Fangspiel	Ball	Schwimmbad
Wasserschlacht	65	Wasserspiel	Plastiktüten	Schwimmbad
Wasserverkleidungsshow	66	Geschicklichkeitsspiel	Kleidungsstücke	Schwimmbad

Spiele ab 8 Jahren

Titel	Seite	Art	Material	Ort
Alices Reise	100	Musikspiel	Ballons/Plane	Drinnen
Alte Zeiten	122	Quiz	—	Drinnen
Ballonstart	100	Geschicklichkeitsspiel	Luftballon	Drinnen + Draußen
Buchabteilung	114	Geschicklichkeitsspiel	Bücher	Drinnen
Drachenmaul	124	Geschicklichkeitsspiel	Karton/Bälle	Drinnen + Draußen
Dressurreiten	94	Laufspiel	—	Draußen
Duell	125	Geschicklichkeitsspiel	Softball	Draußen
Fahrt zum Kaufhaus	110	Musikspiel	Karten/Musik	Drinnen
Flug mit Hindernissen	100	Geschicklichkeitsspiel	Luftballon	Drinnen
Friseur	112	Rollenspiel	Kämme etc.	Drinnen
Geräusche u. Rhythmus	102	Ratespiel	Rasseln	Drinnen
Heuhaufen	92	Geschicklichkeitsspiel	—	Draußen
Hü und Hott	92	Laufspiel	—	Drinnen + Draußen
Ich kenne einen Cowboy	109	Singspiel	Text/Noten	Drinnen
Im Reisebüro	113	Konzentrationsspiel	Musik	Drinnen
Im Sechsspänner	121	Rollenspiel	—	Drinnen + Draußen
Im Wald des Vergessens	103	Hörspiel	Rasseln/Trommel	Drinnen
Jockey, fang!	94	Kreisspiel	Ball	Draußen
Jockeywettrennen	94	Laufspiel	Kleidungsstücke	Draußen
Konzert	105	Lärmspiel	Instrumente	Drinnen
Kosmetikabteilung	111	Schminken	Schminke	Drinnen
Kurzwarenabteilung	113	Tastspiel	Verschiedenes	Drinnen
Modenschau	112	Rollenspiel	Musik	Drinnen
Musikabteilung	114	Tanzspiel	Apfelsinen/Musik	Drinnen
Parfümerie	111	Riechspiel	Riechfläschchen	Drinnen
Quietschkonzert	99	Lärmspiel	Luftballons	Drinnen
Rasseltausch	102	Hörspiel	Rasseln/Musik	Drinnen
Reiterrallye	91	Quiz	Karten	Draußen
Ringe	123	Geschicklichkeitsspiel	Stab/Ringe	Draußen
Ritterkampf	125	Geschicklichkeitsspiel	Luftballons	Draußen
Schreiende Jockeys	93	Reimspiel	—	Drinnen + Draußen
Schrubberpolo	93	Geschicklichkeitsspiel	Schrubber/Ball	Draußen
Spaß beim Sport	112	Pantomime	Musik/Karten	Drinnen + Draußen
Vögel	101	Geschicklichkeitsspiel	Ballon/Musik	Drinnen
Zweikampf	124	Wurfspiel	Seile/Softbälle	Drinnen + Draußen